SUPERFLO

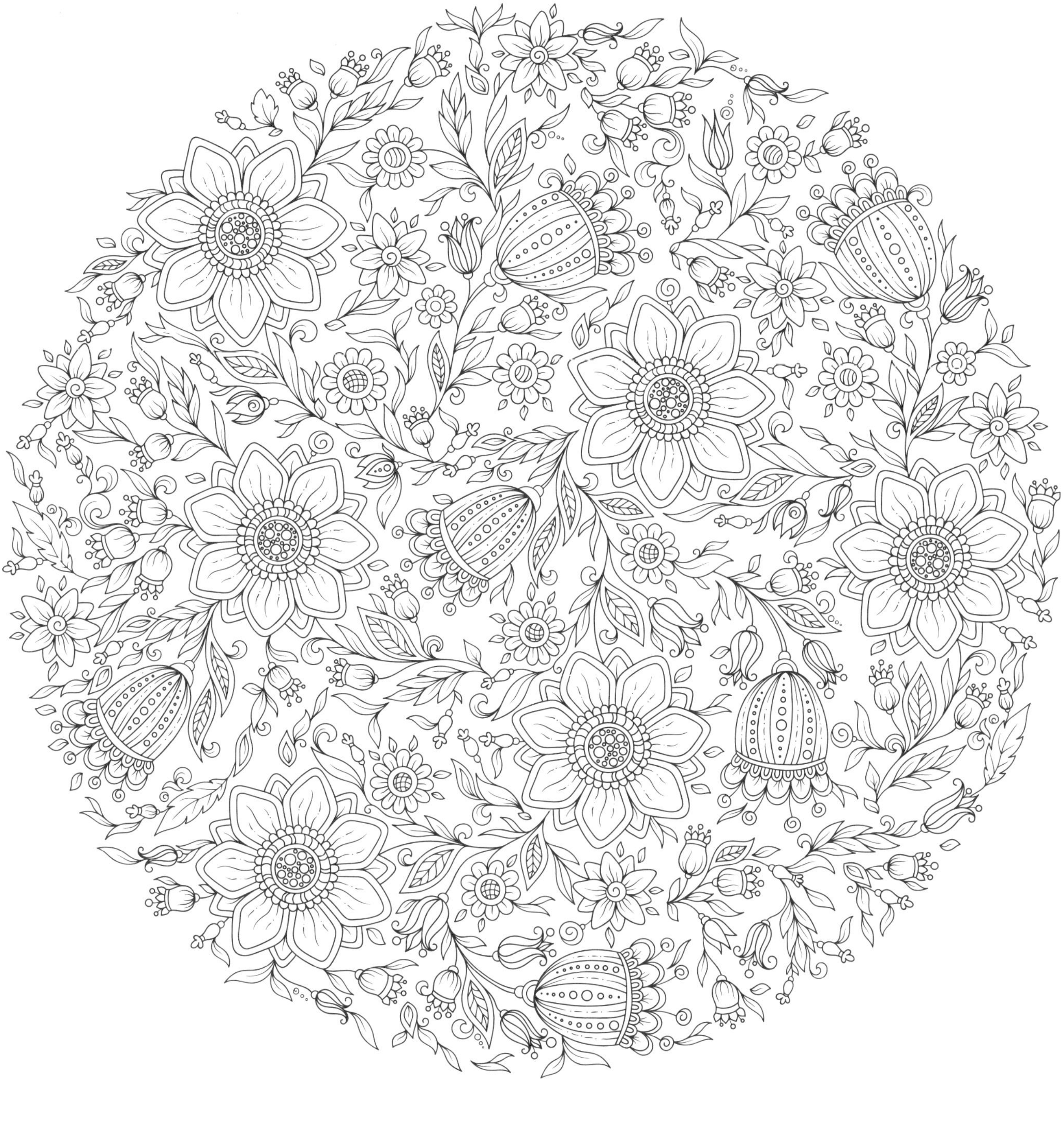

hinkler

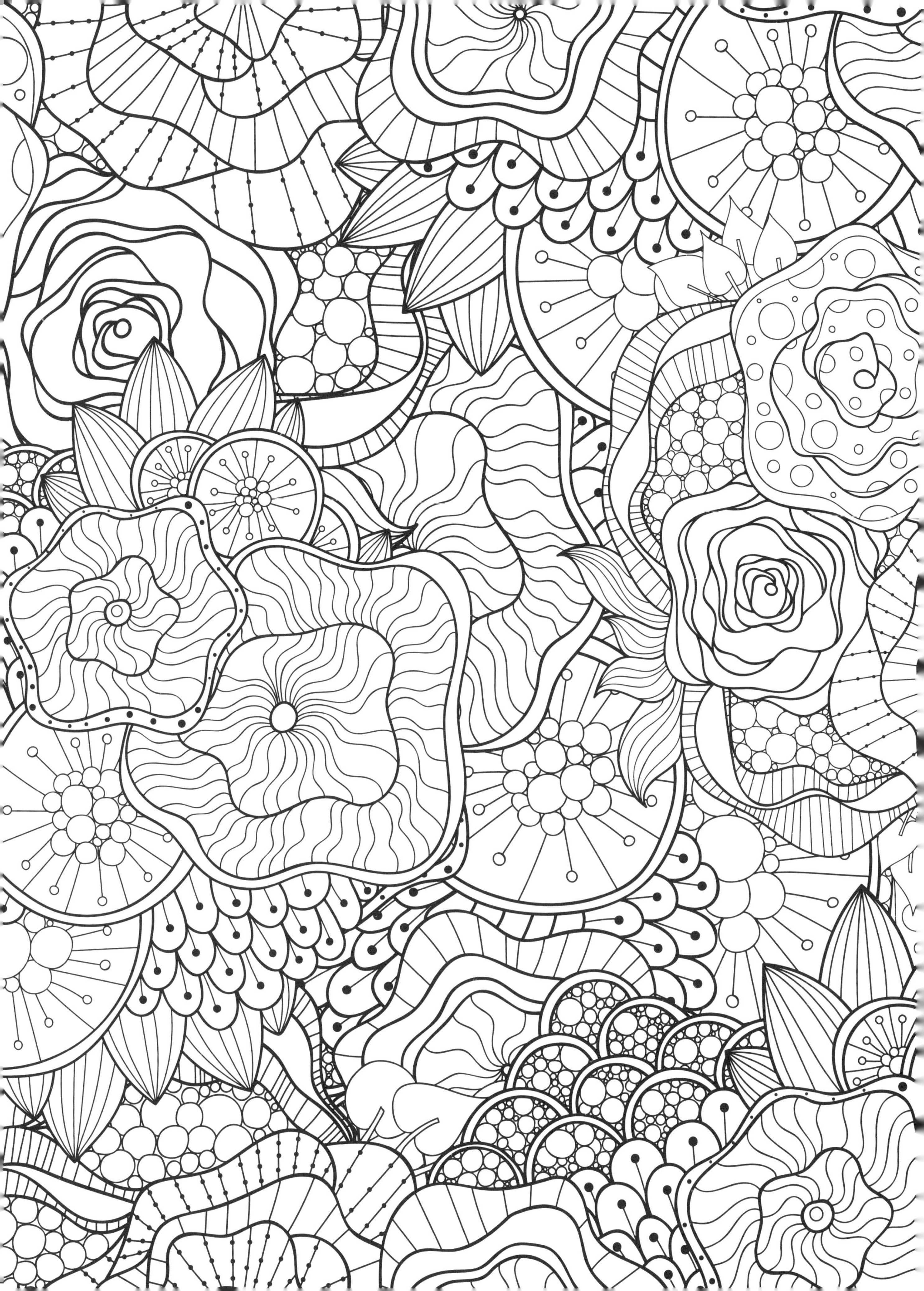

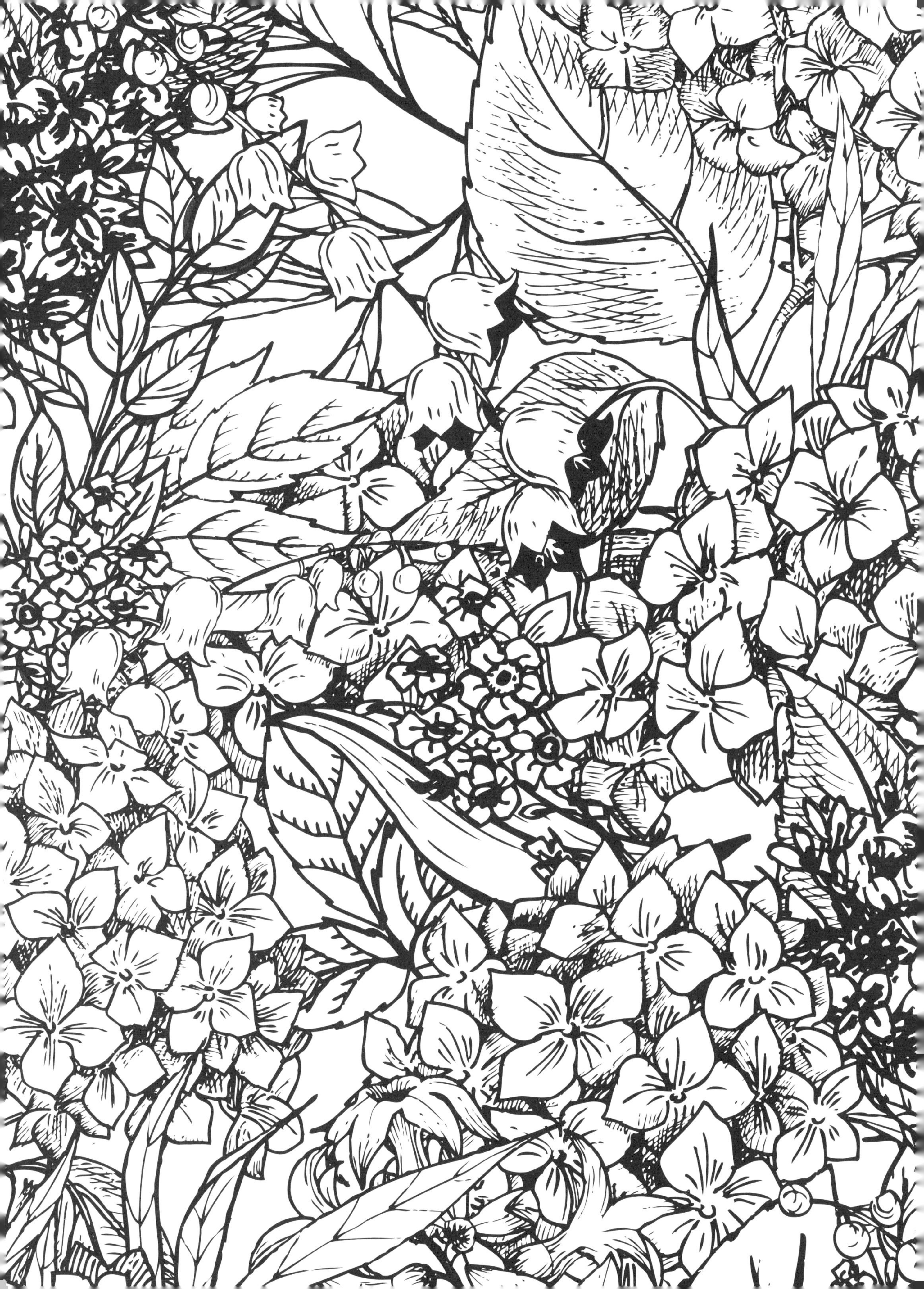

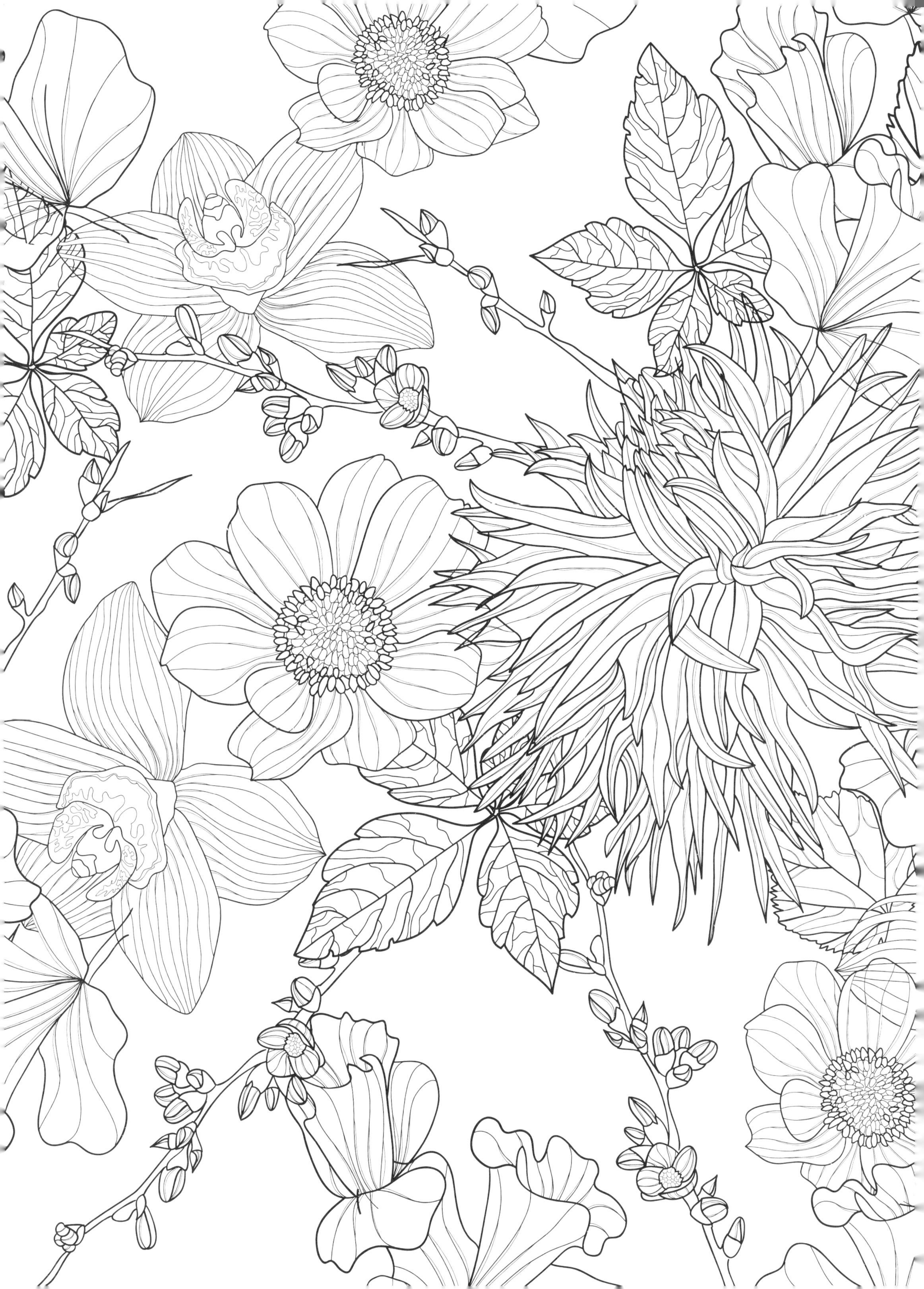

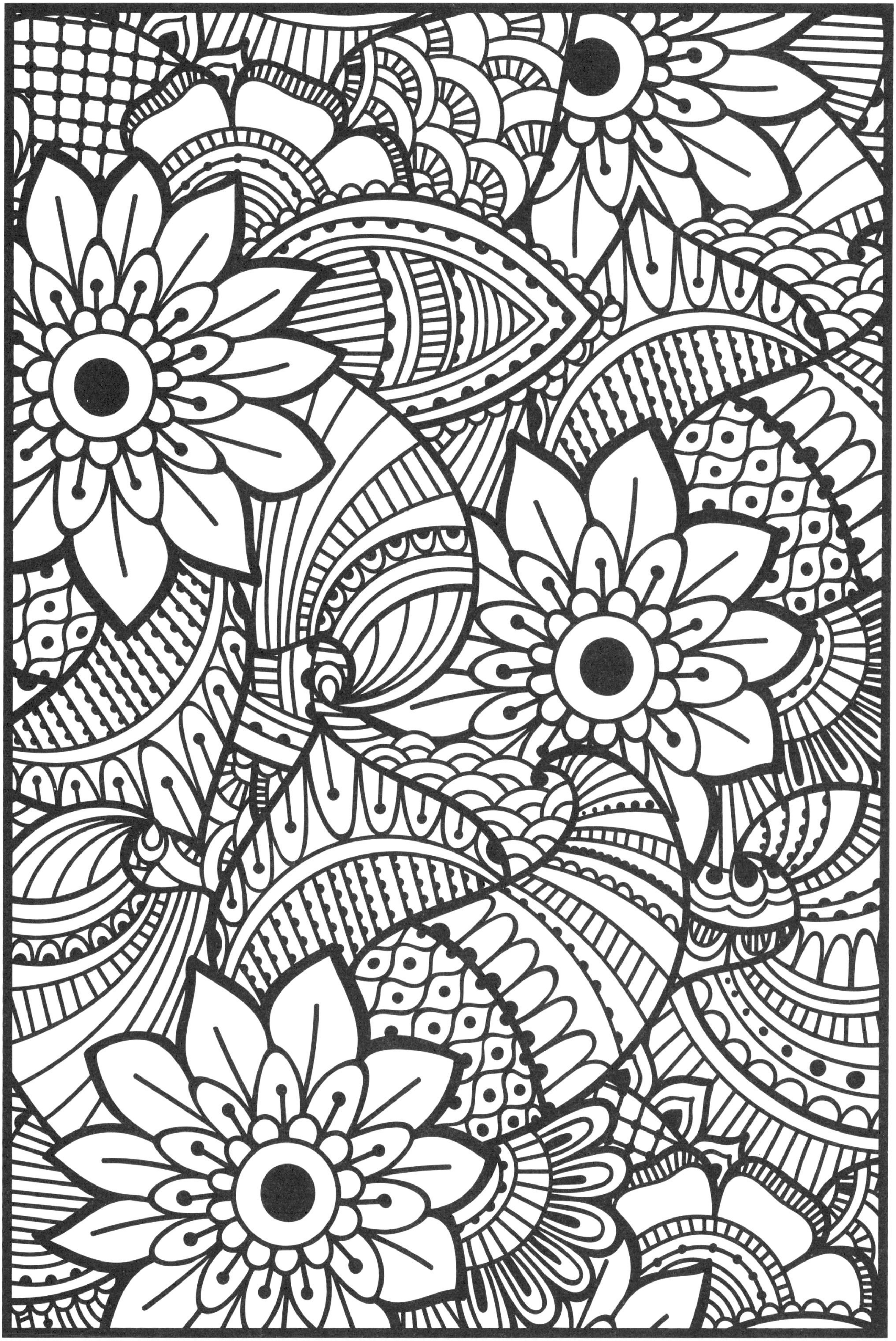

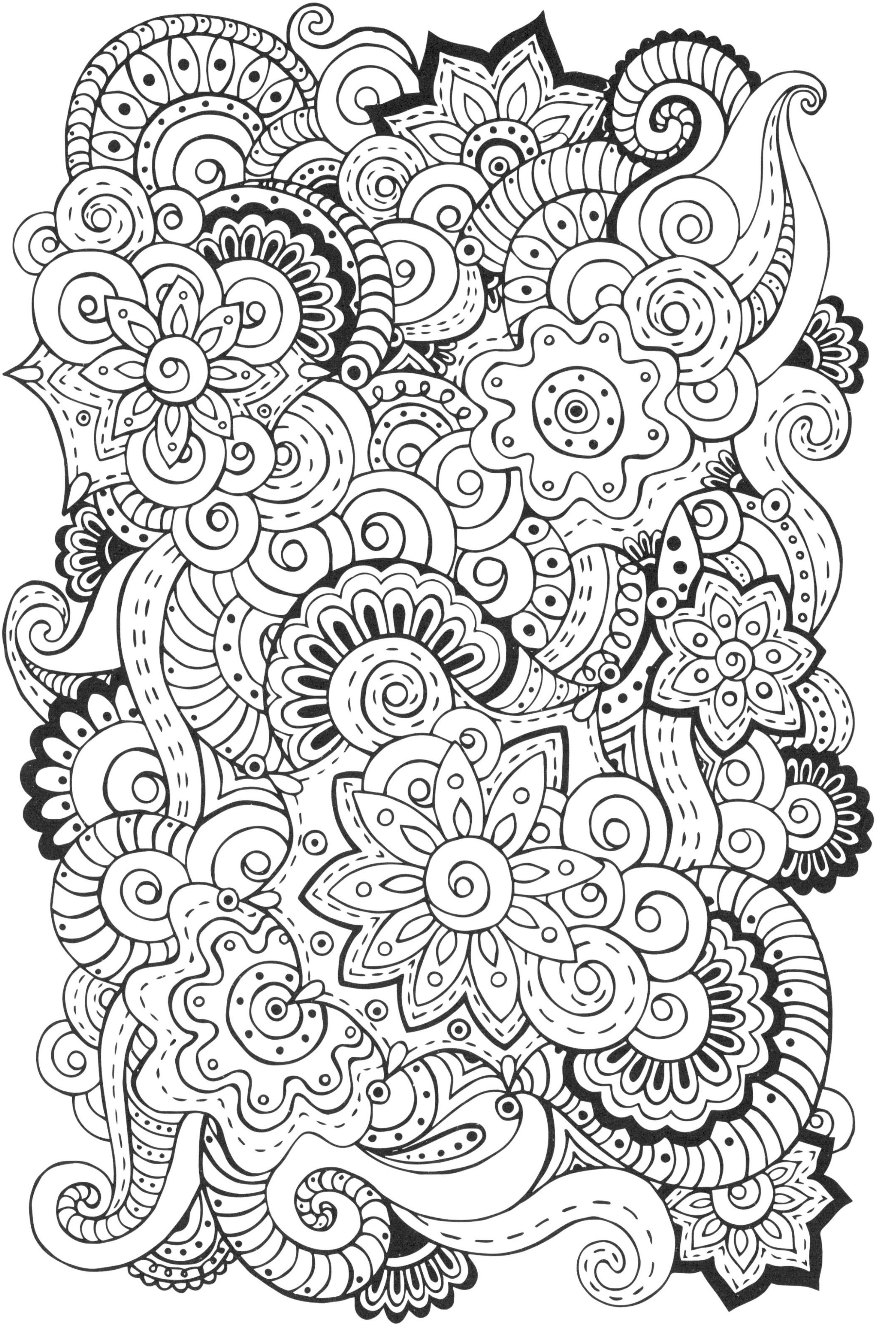

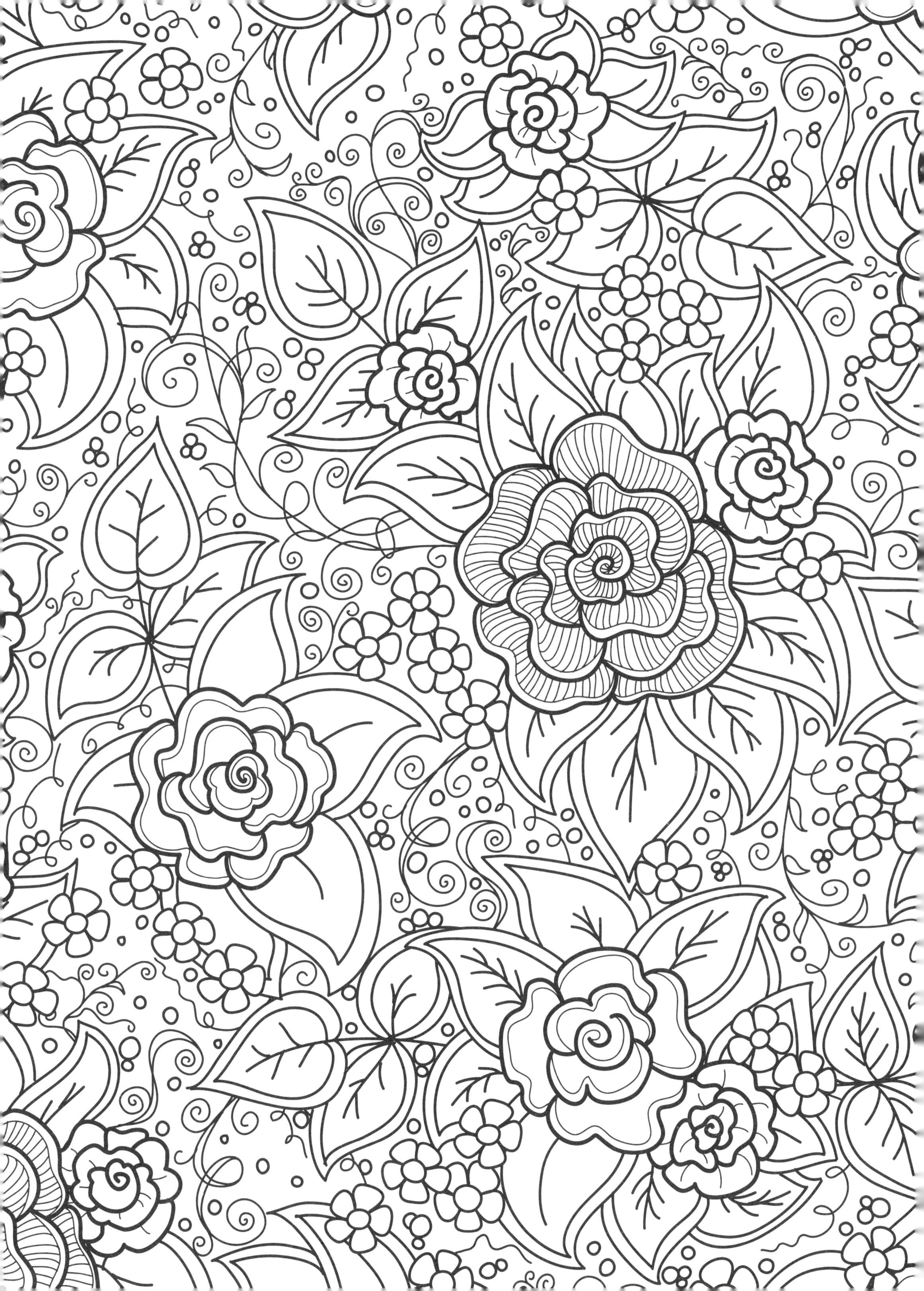

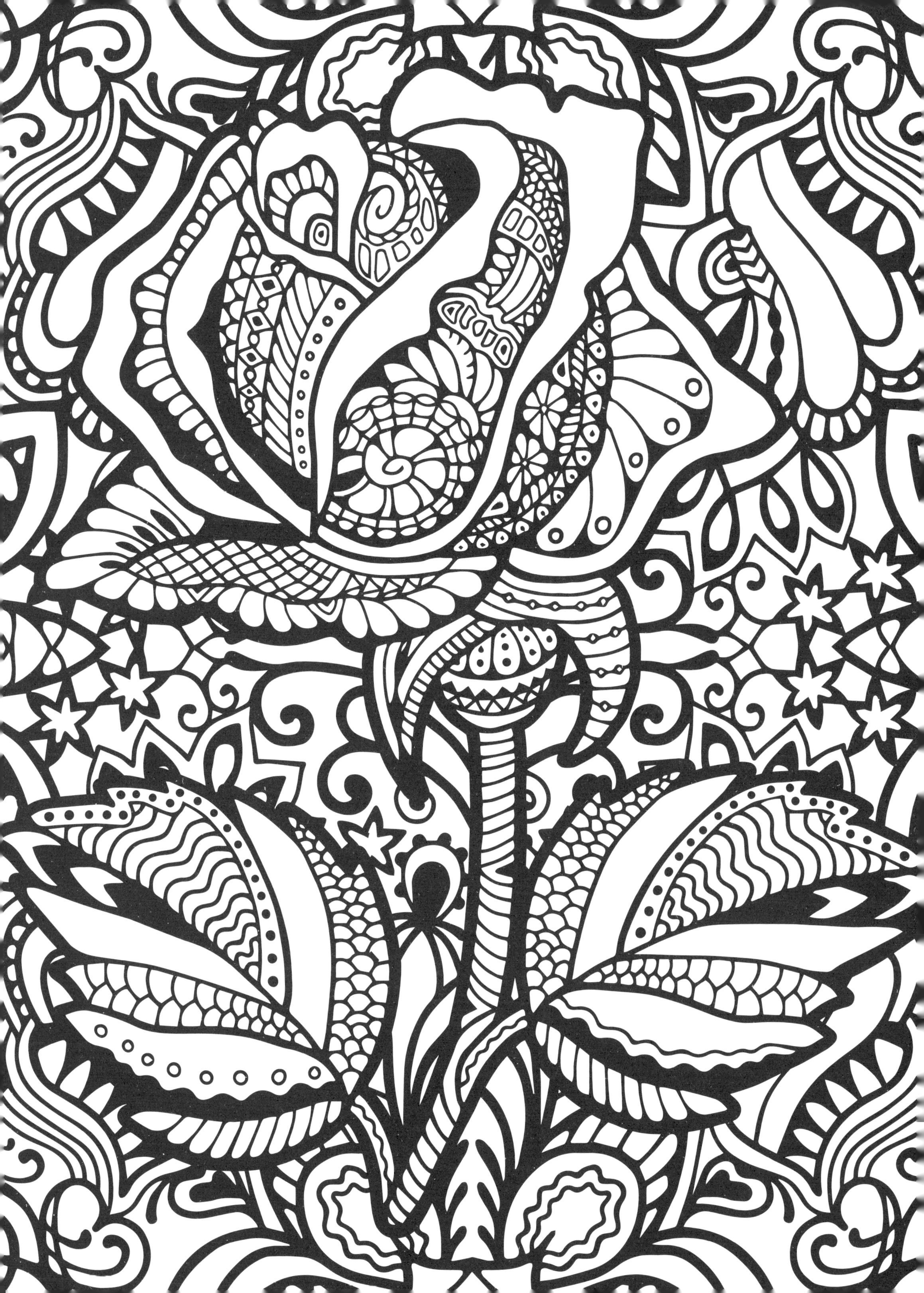

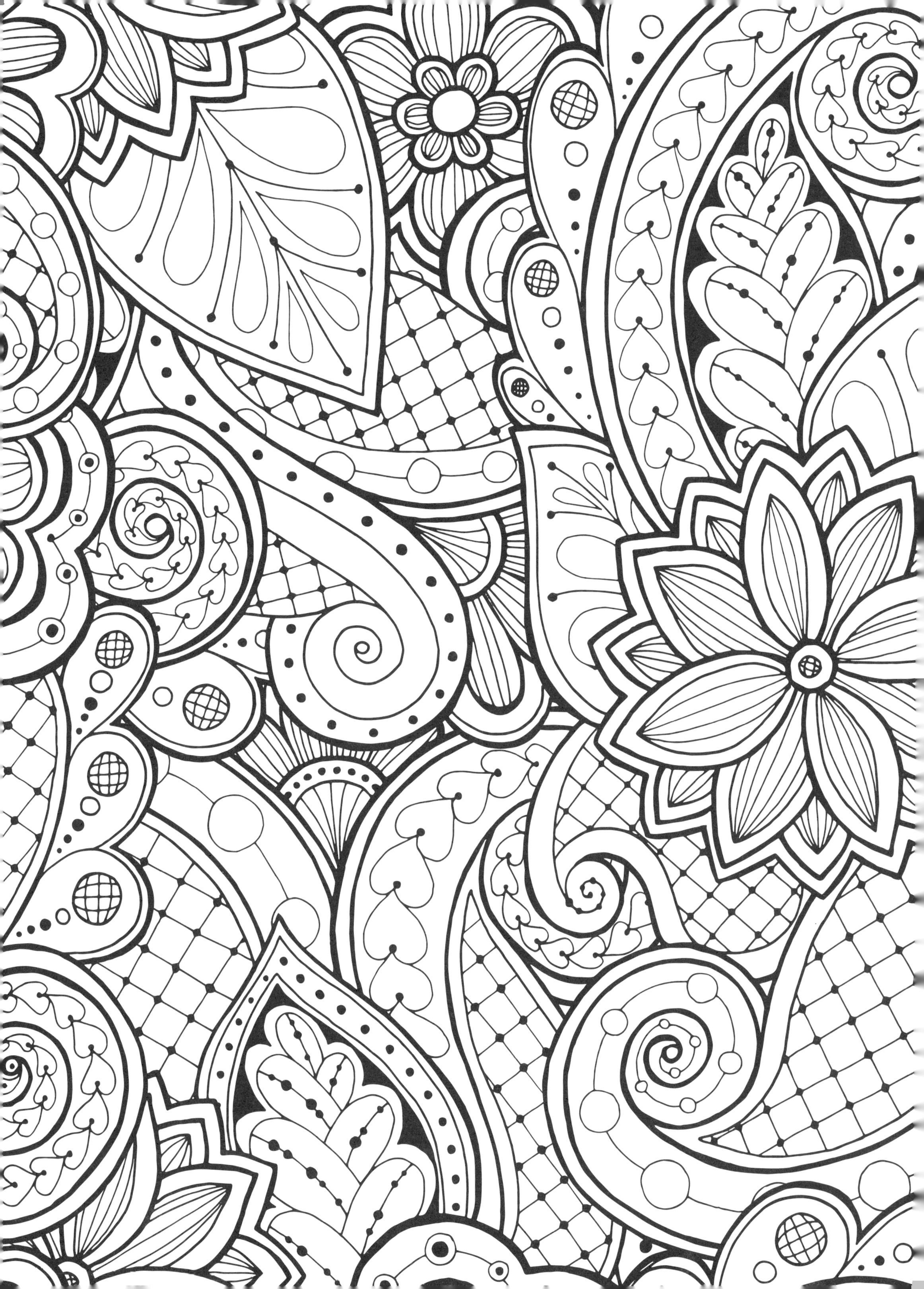

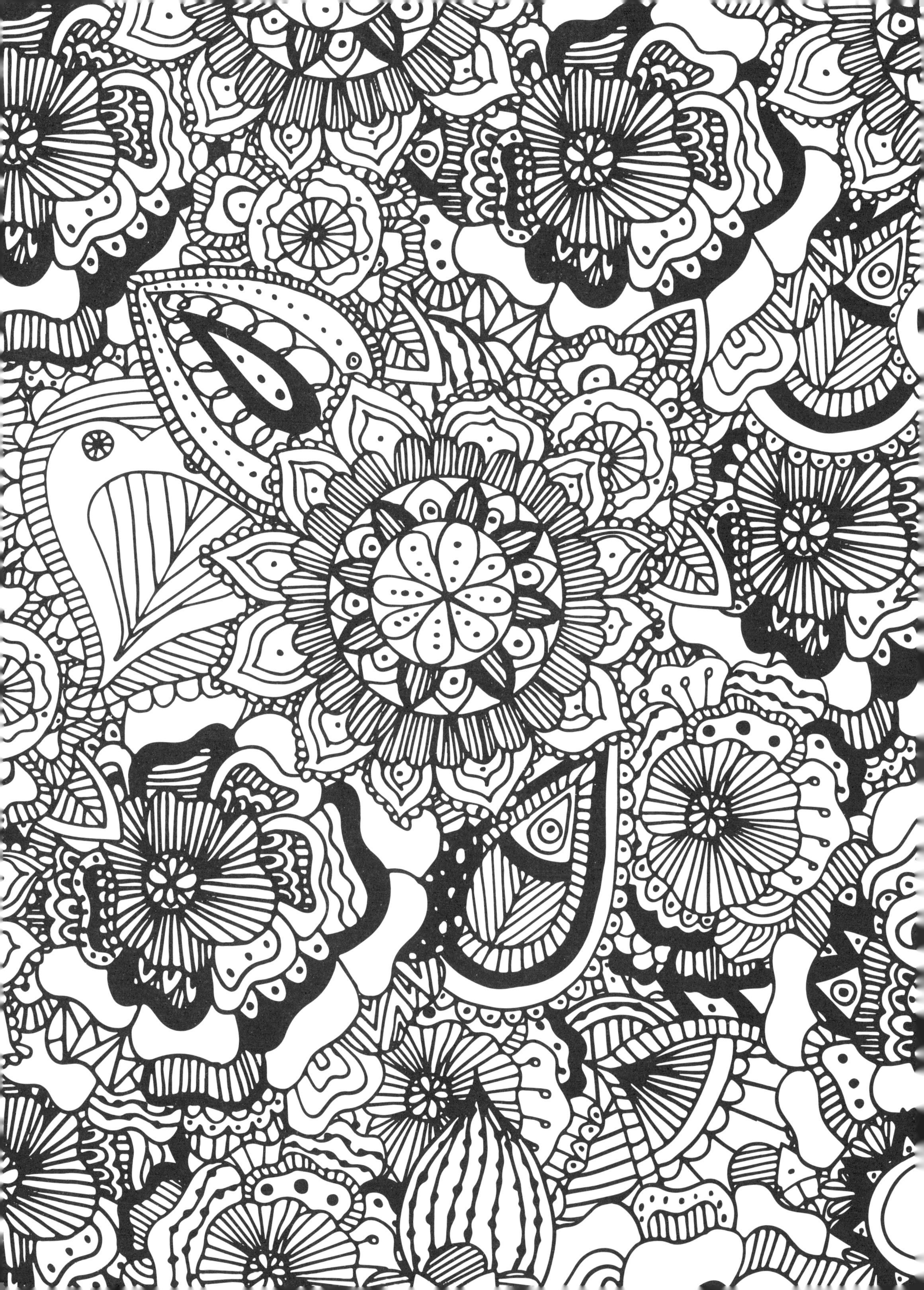

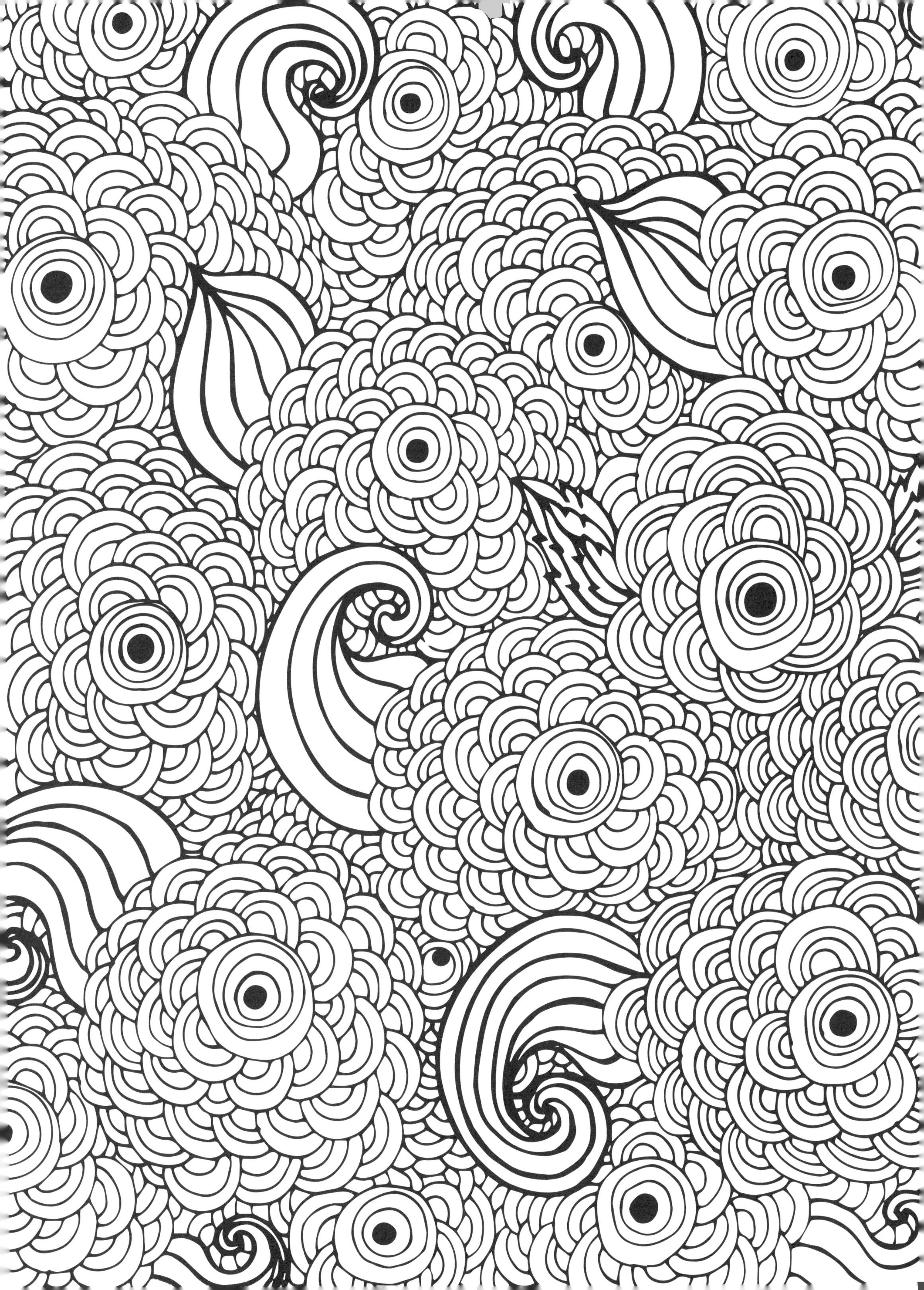

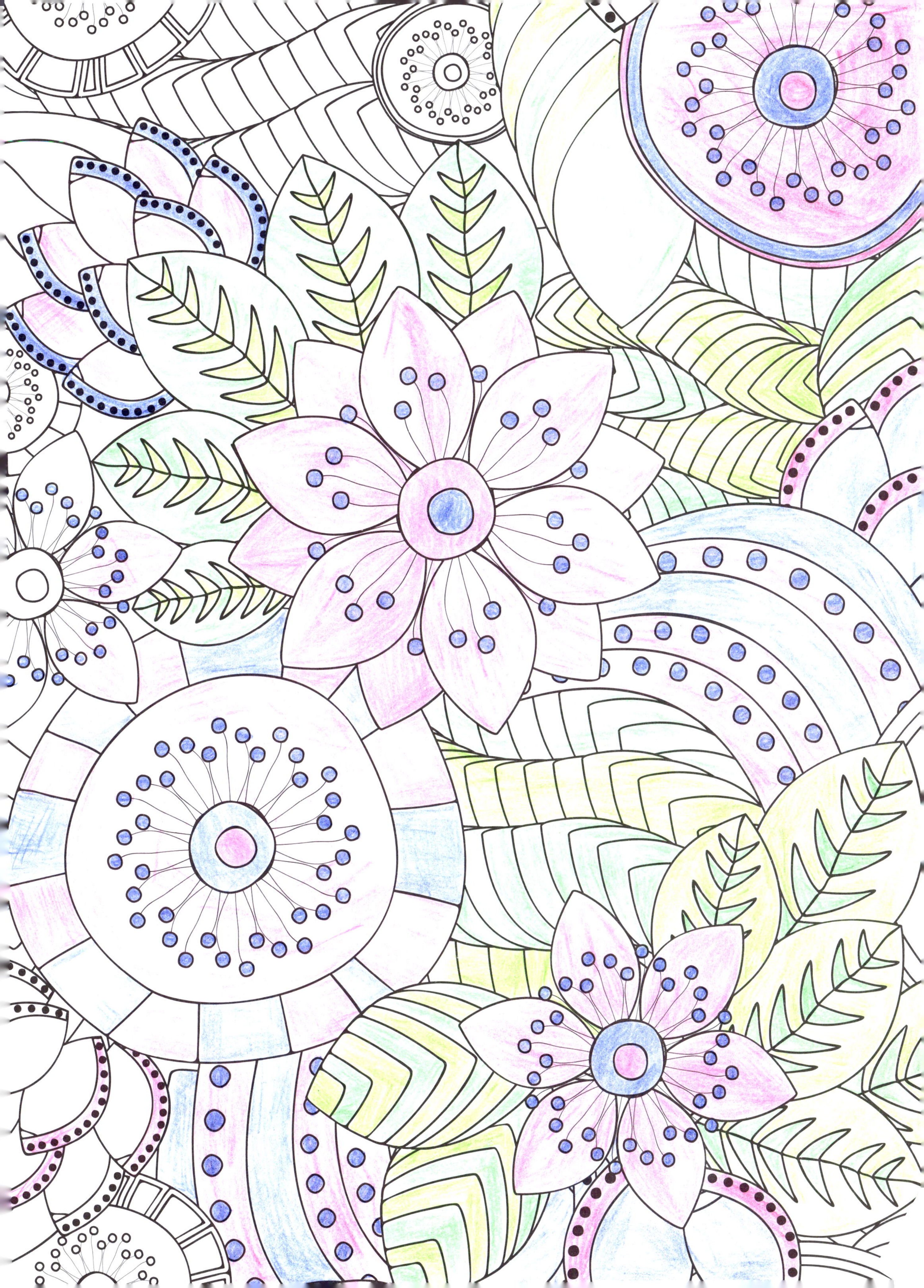

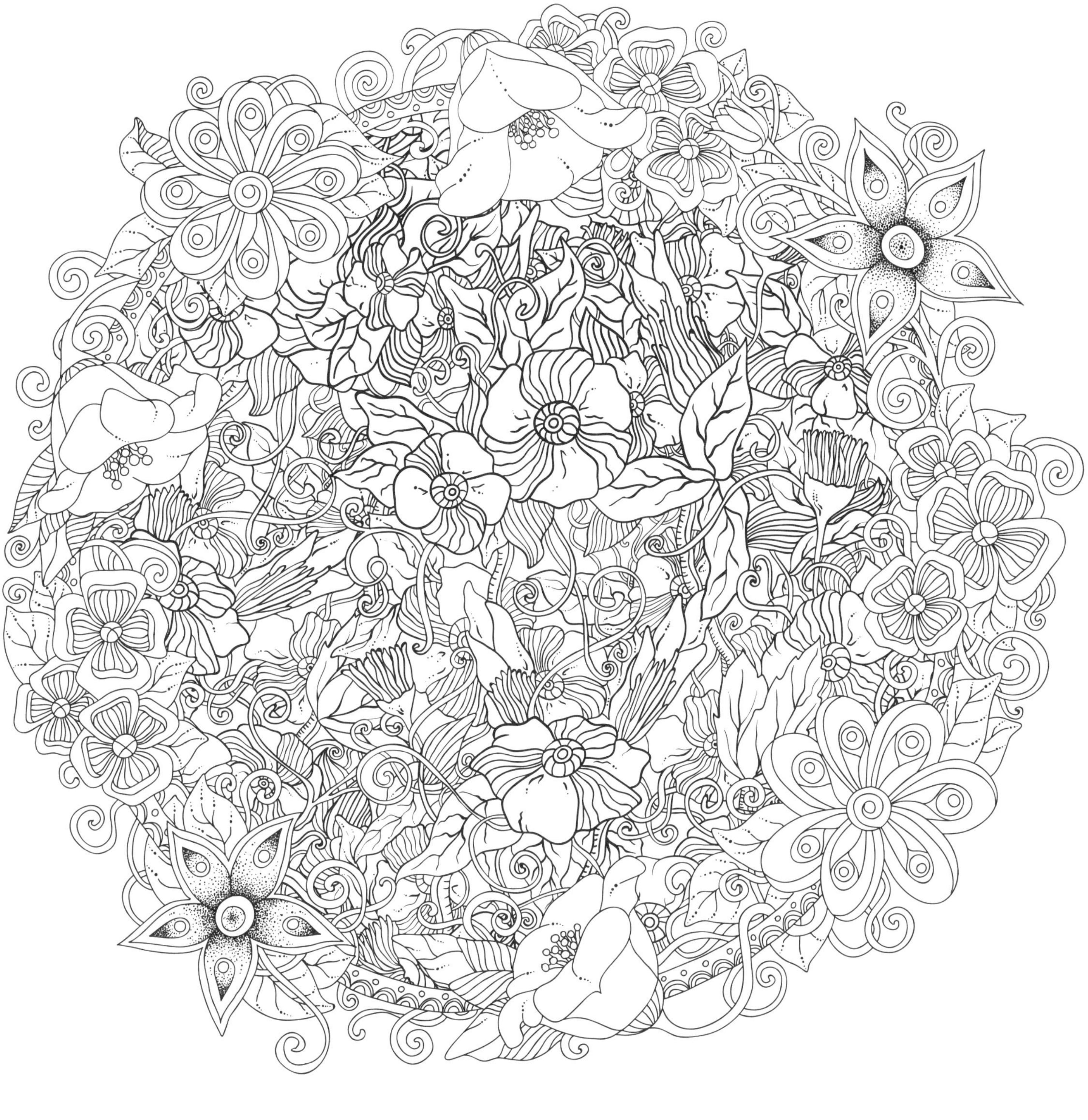

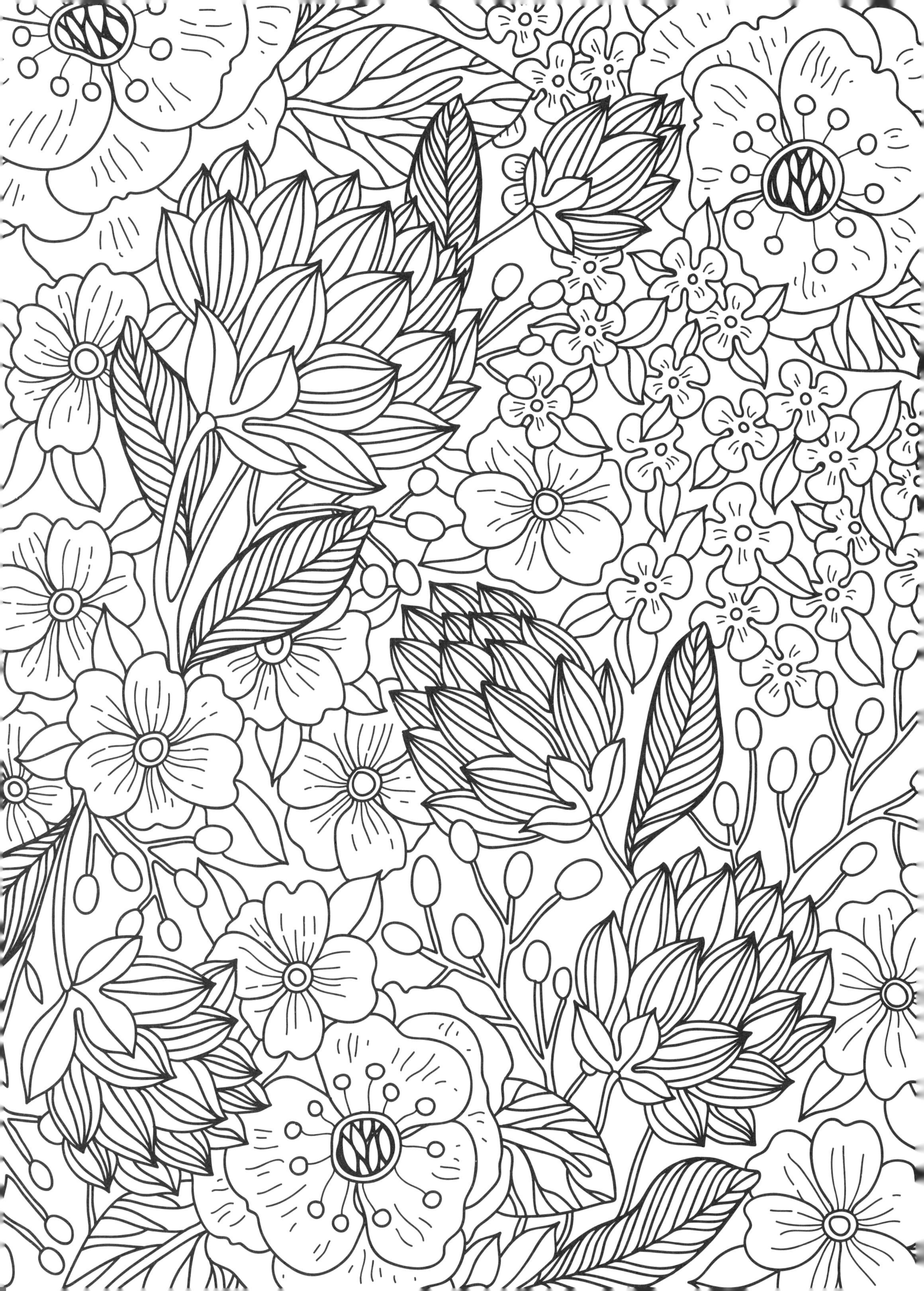

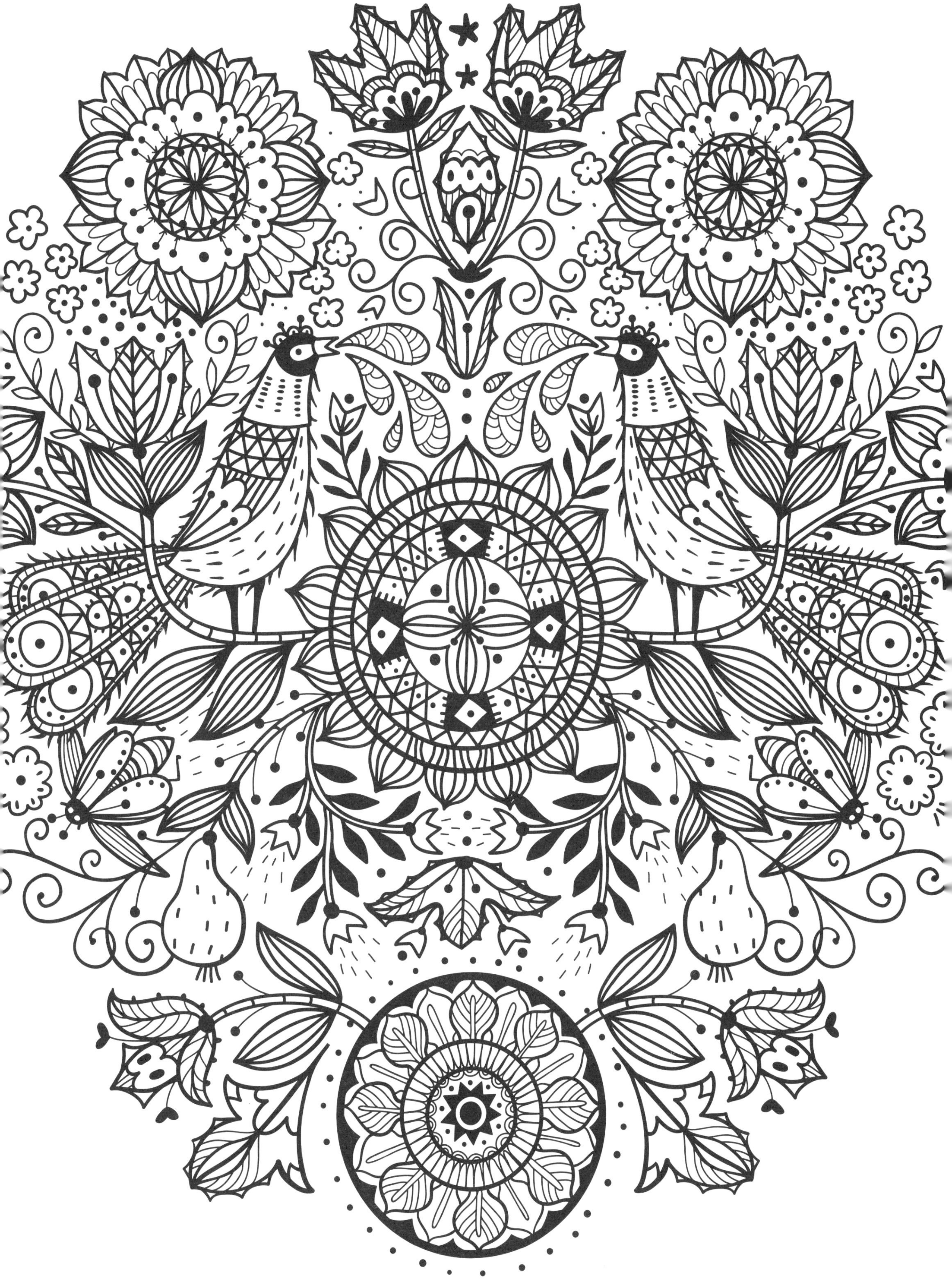

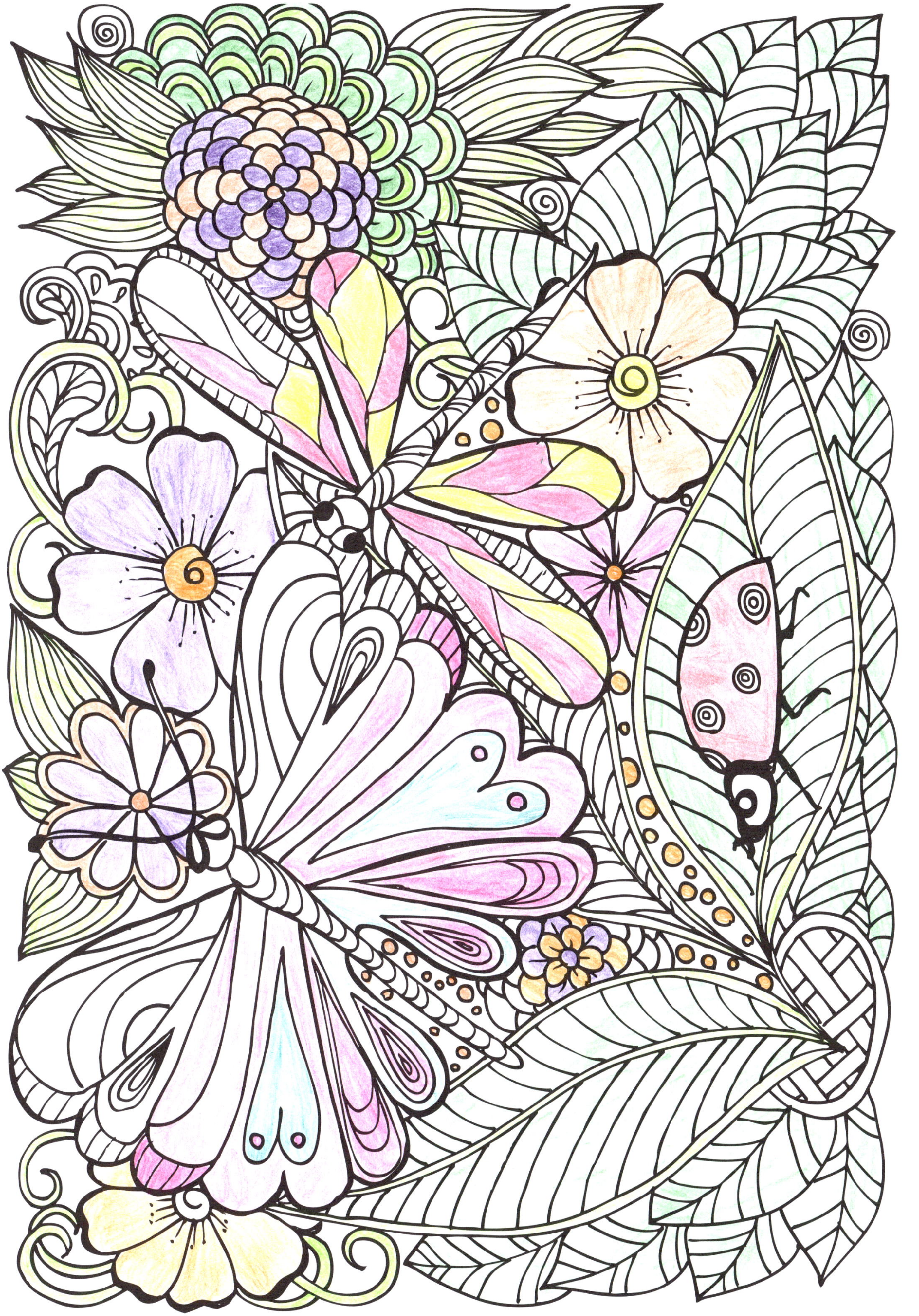

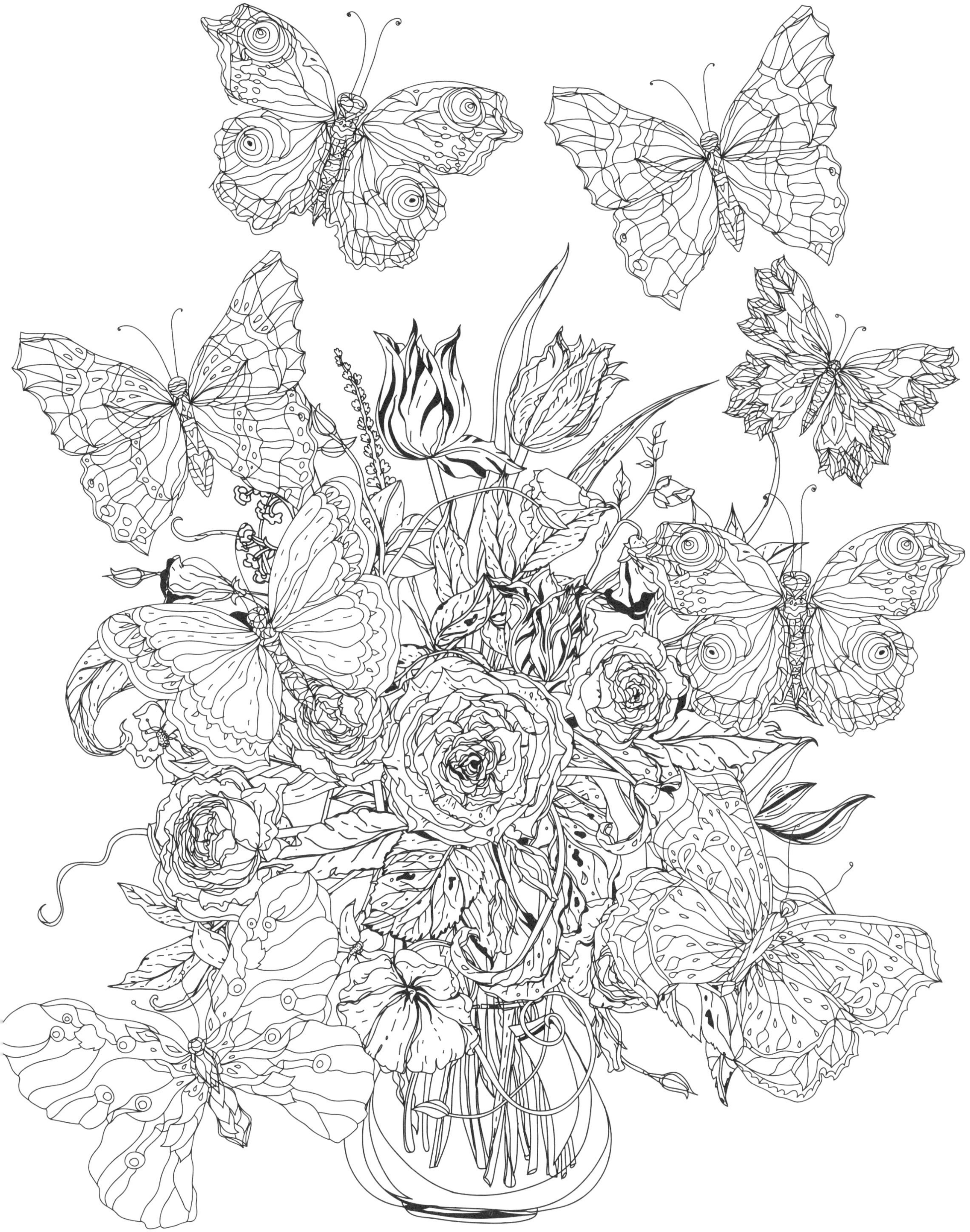

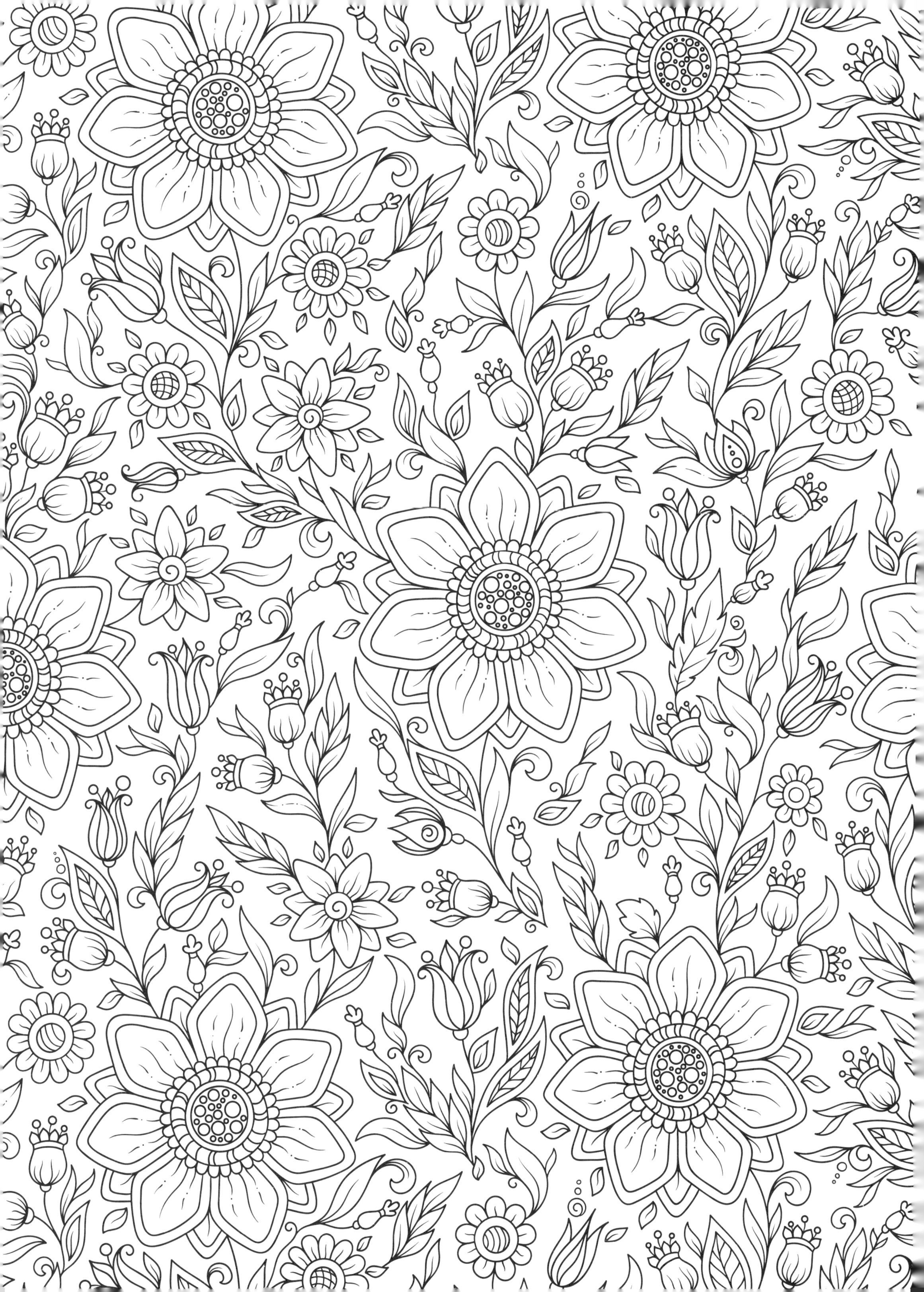

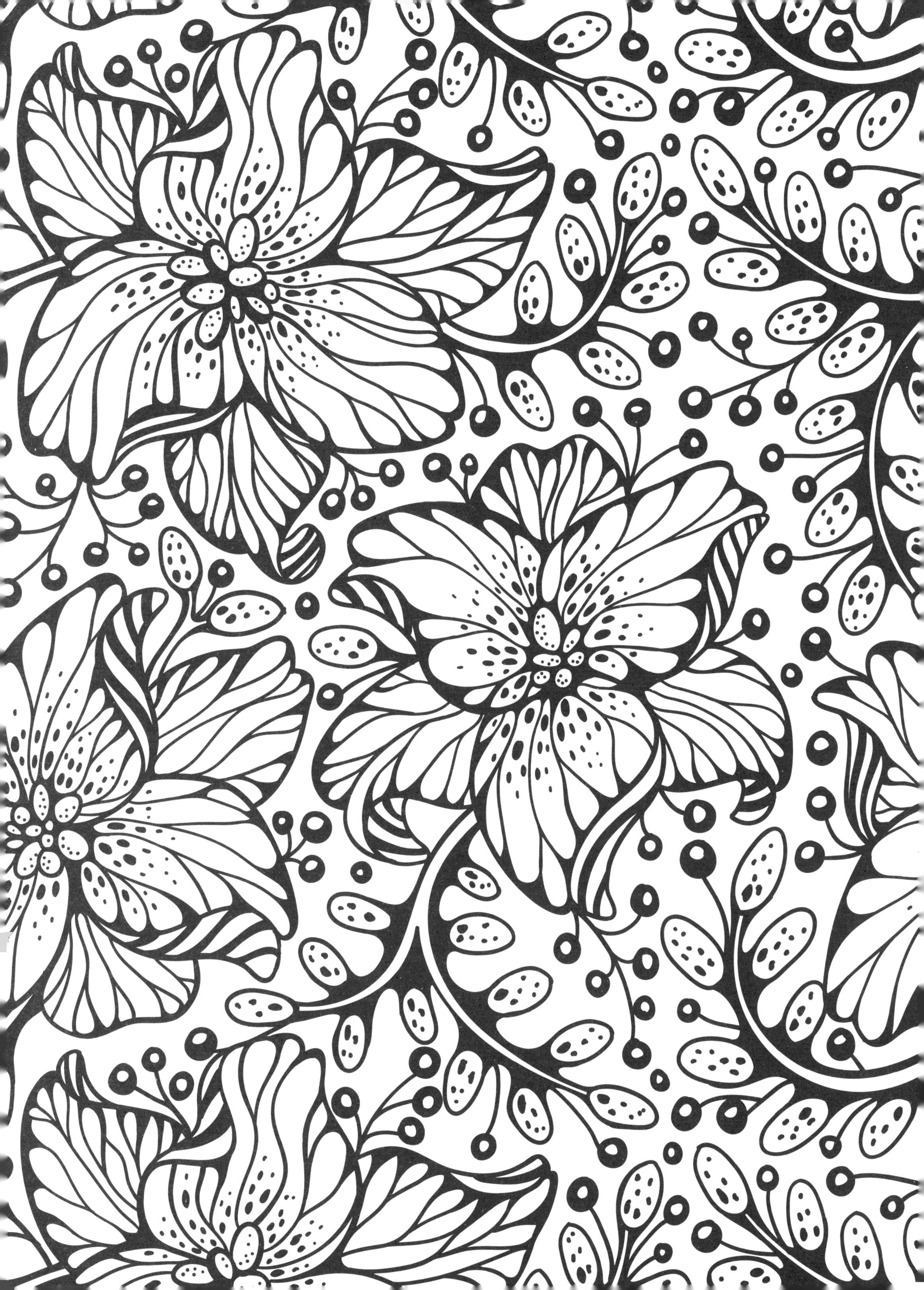

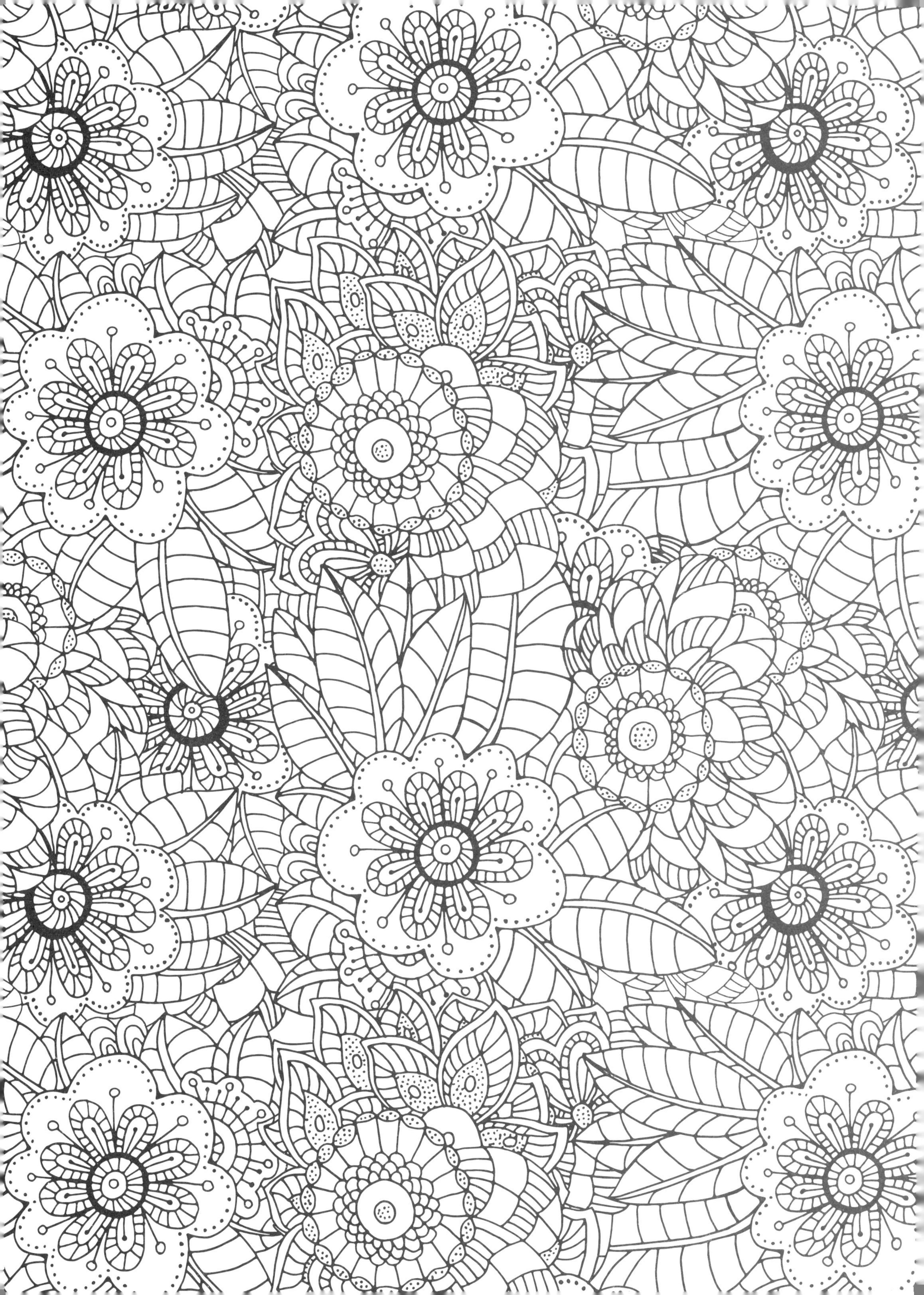

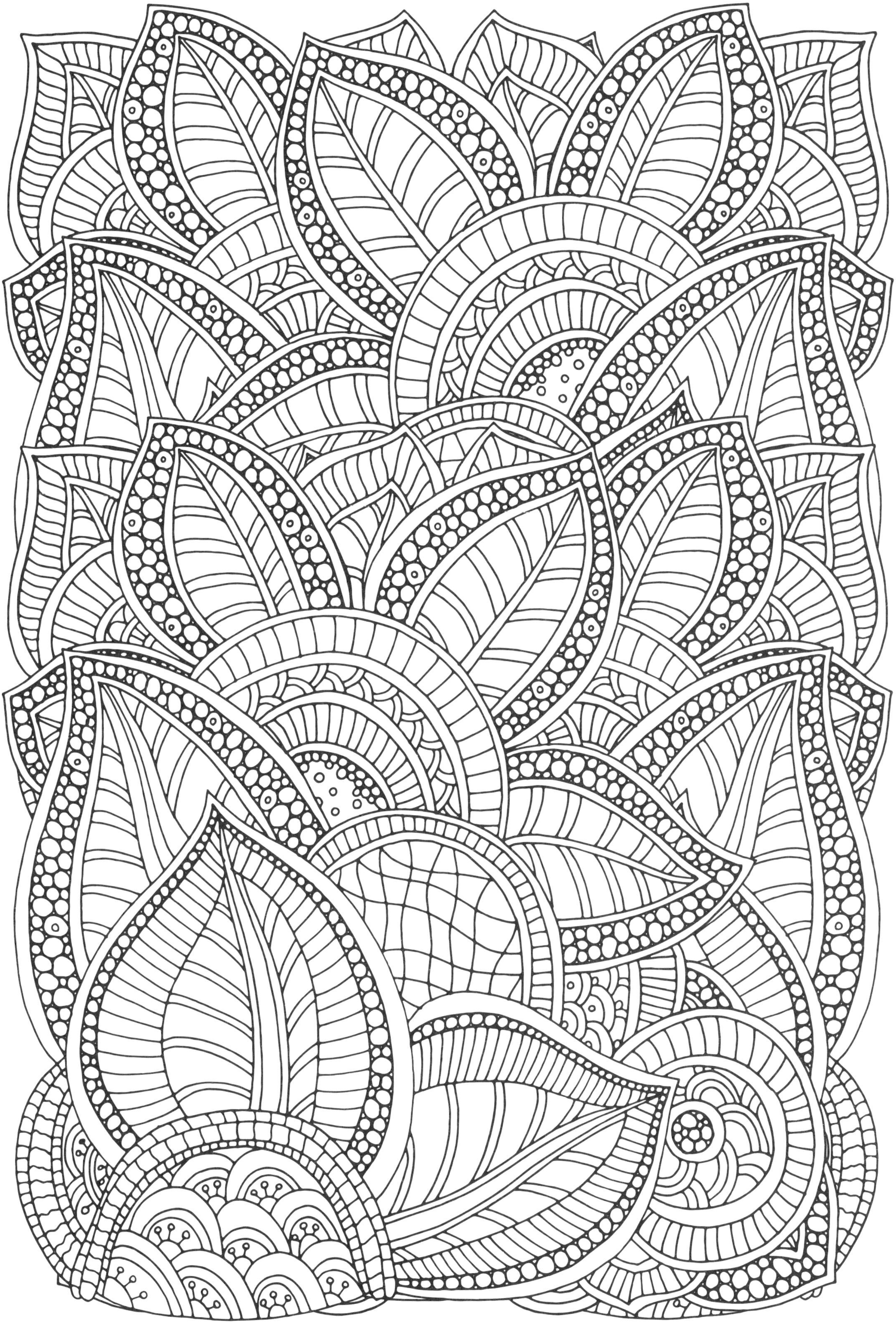

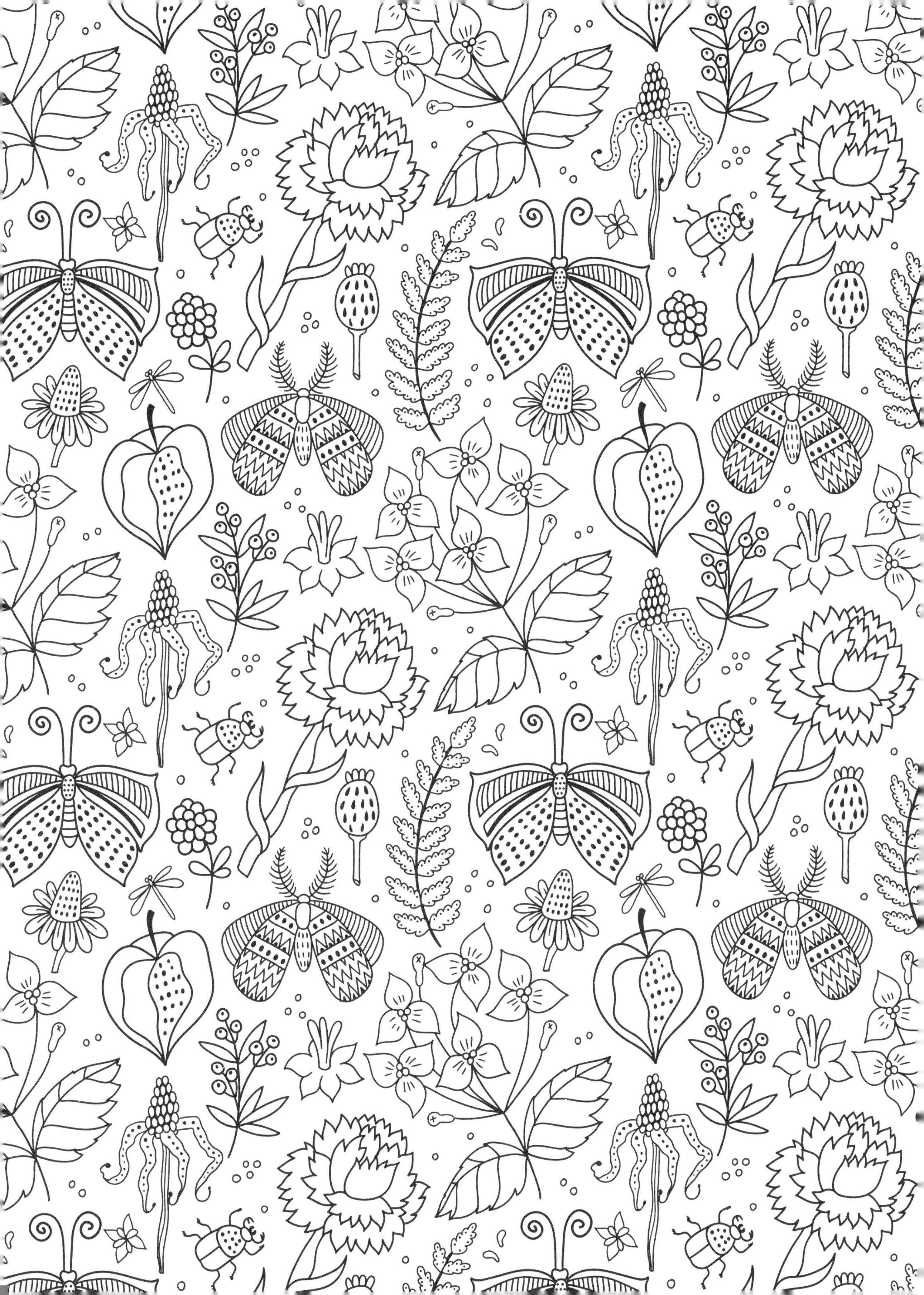

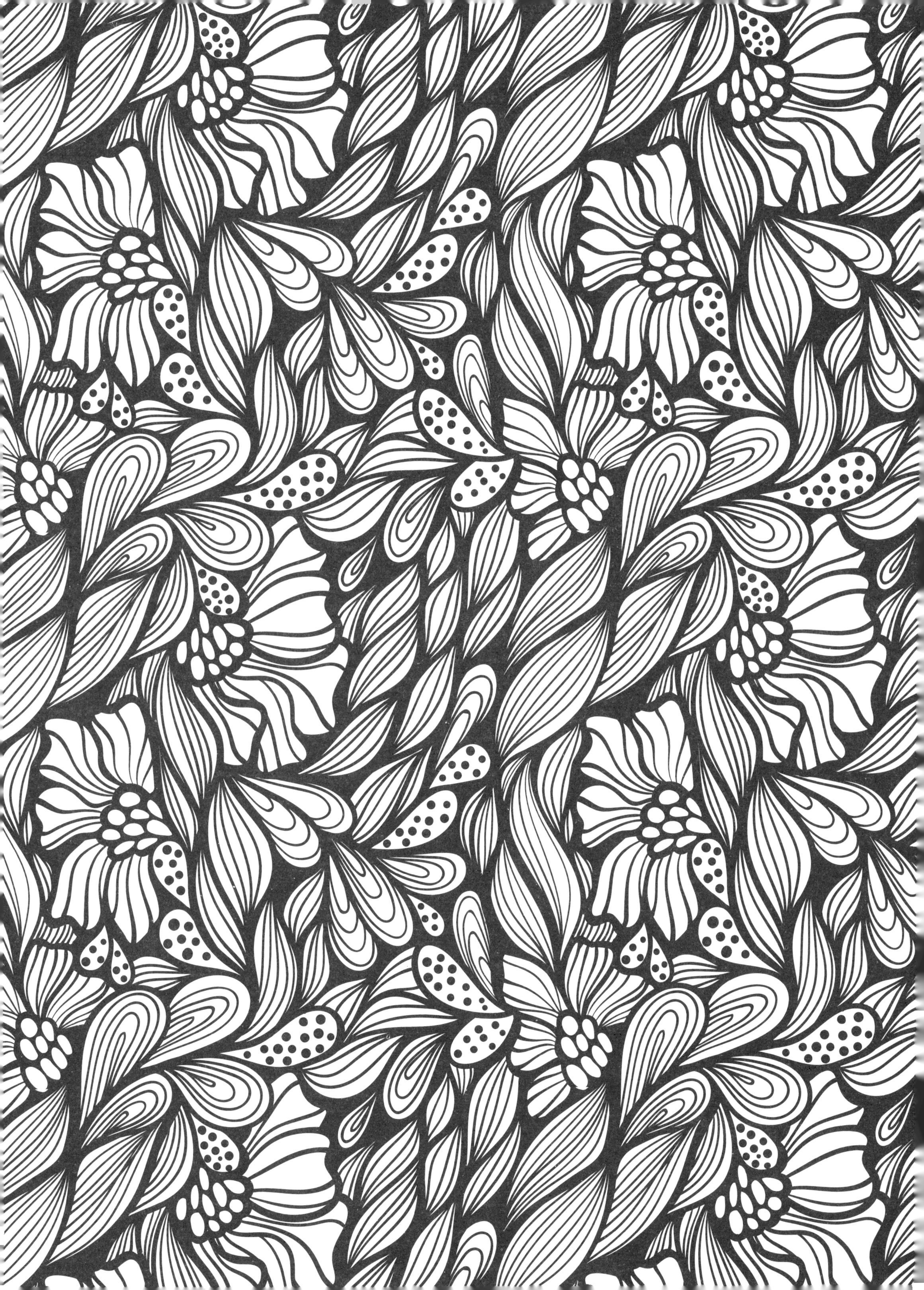

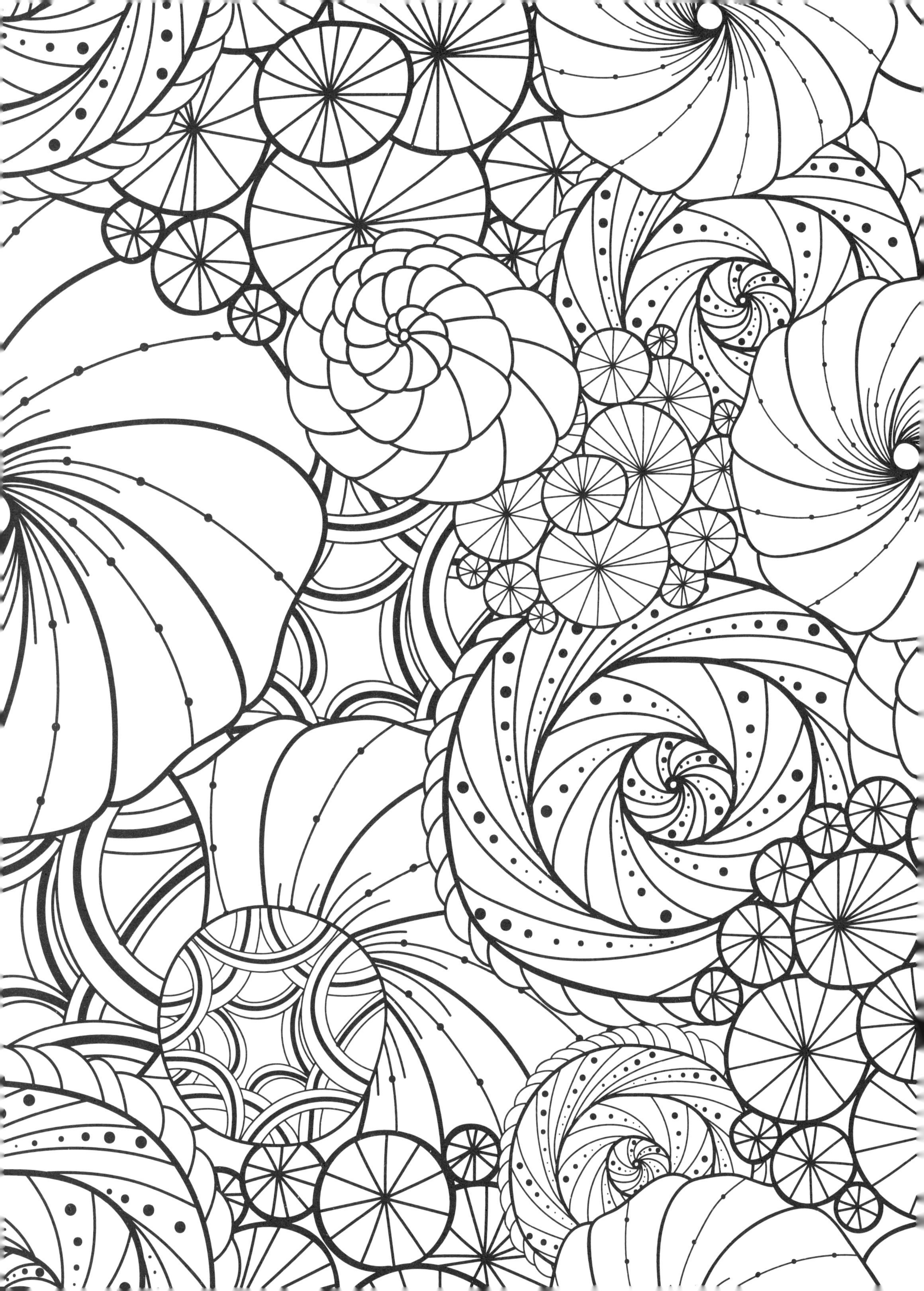

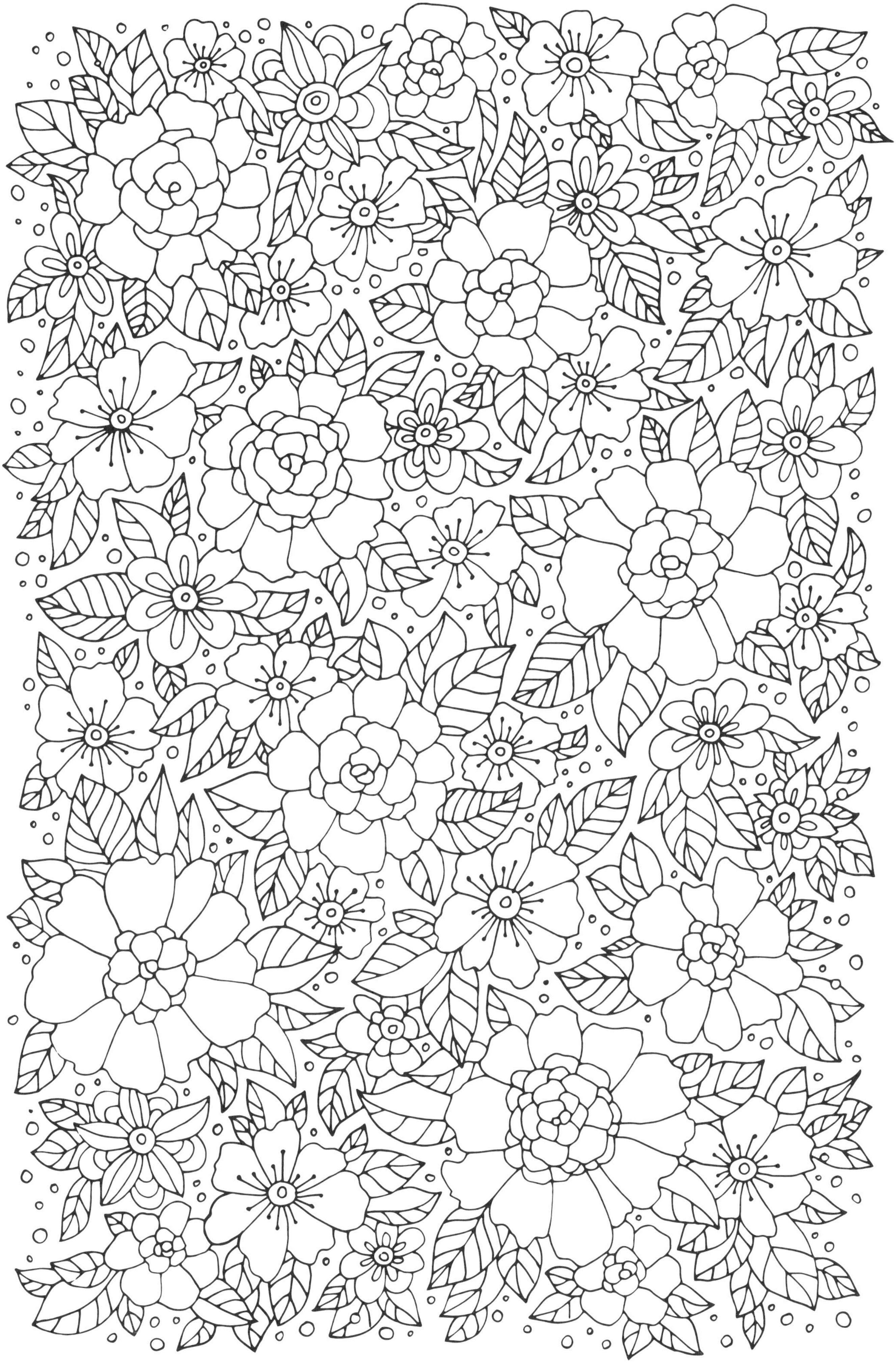

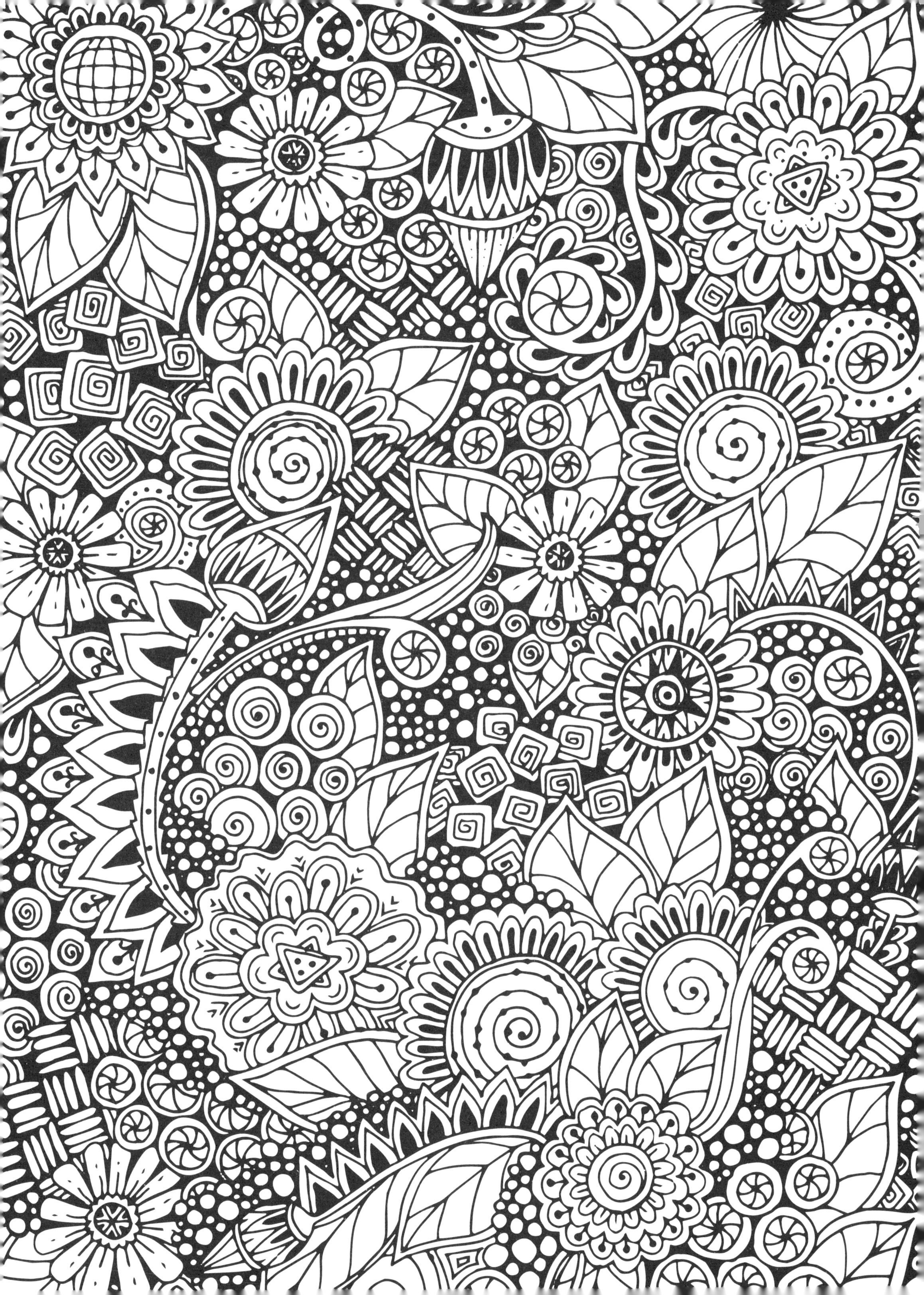

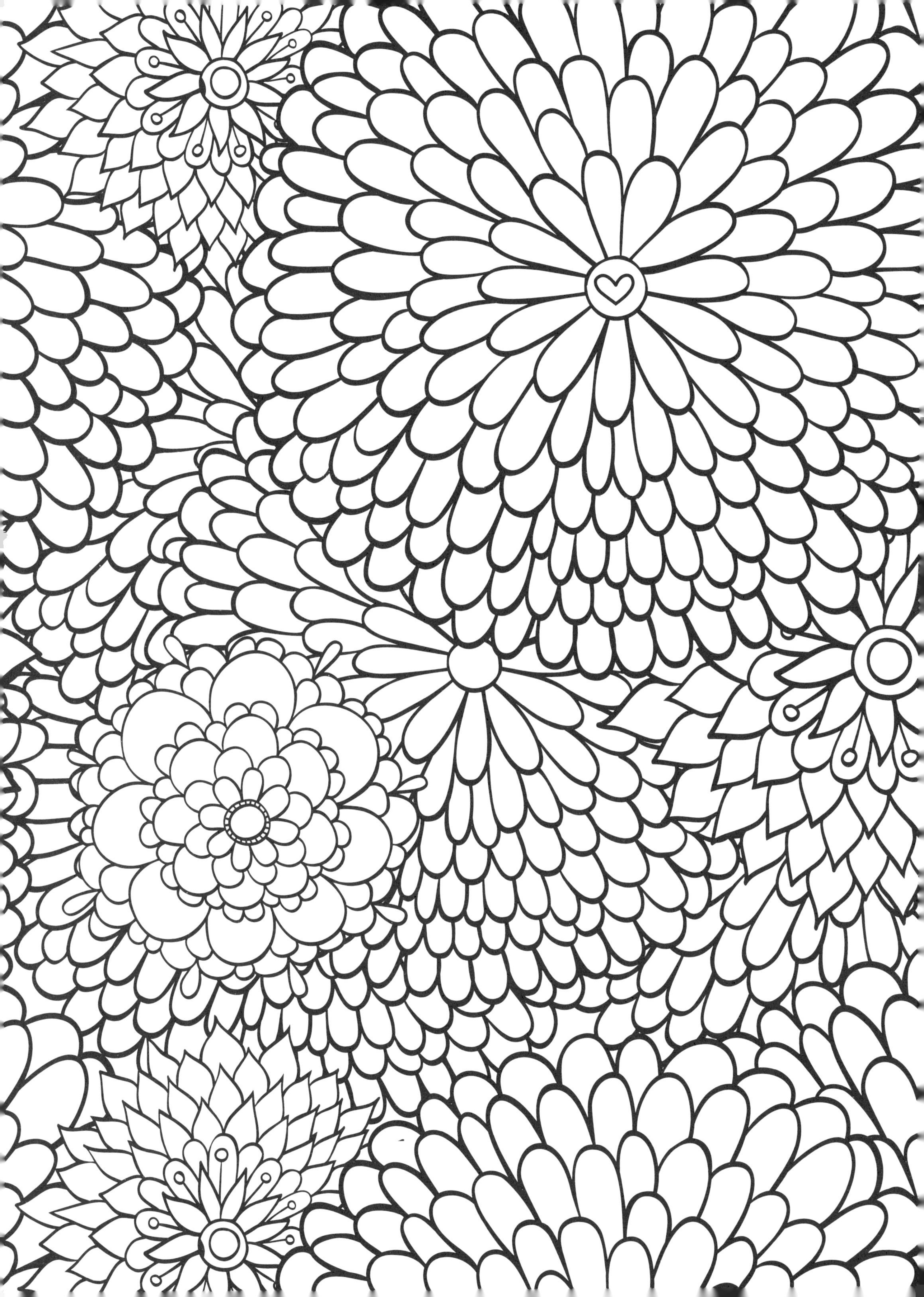

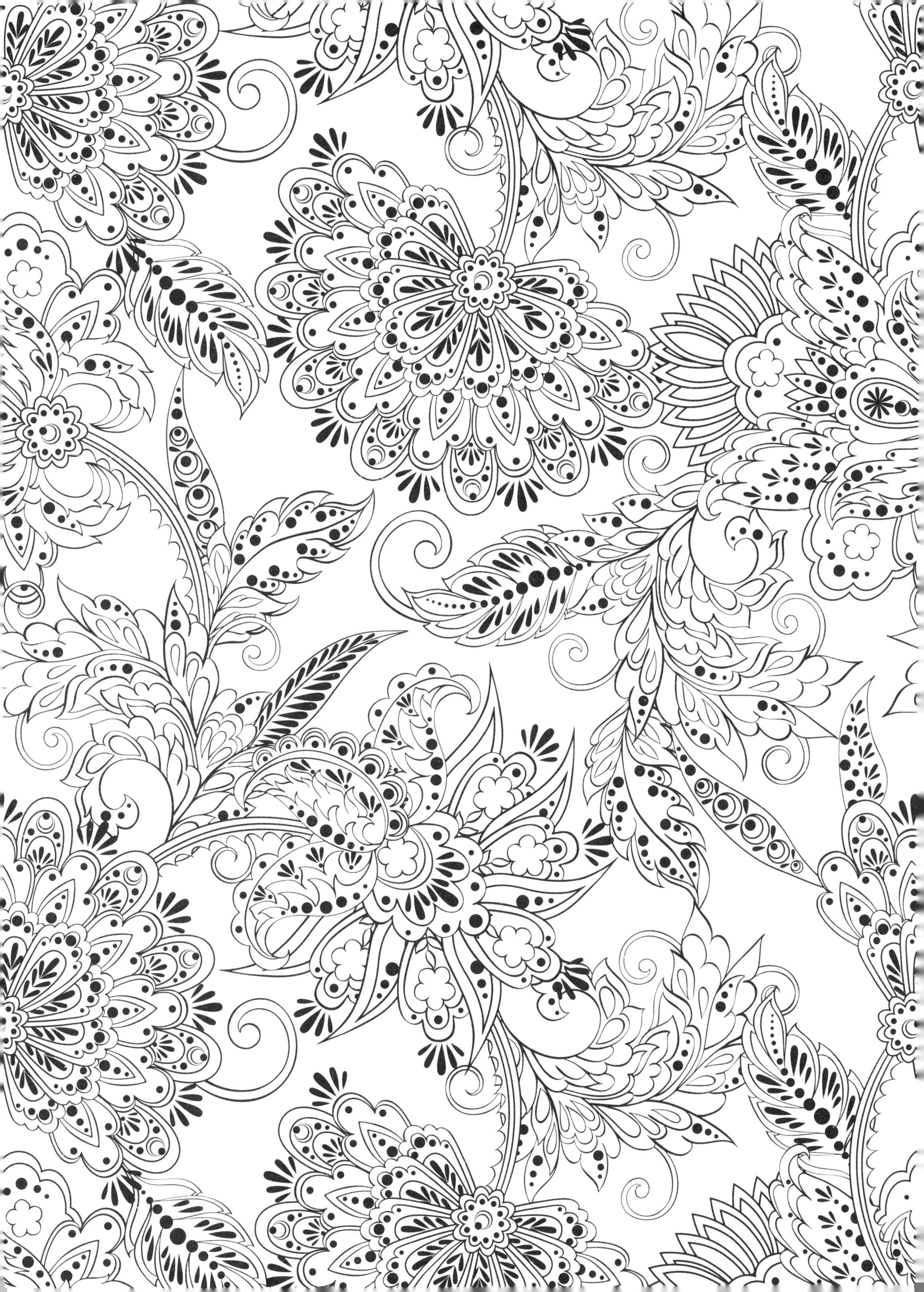

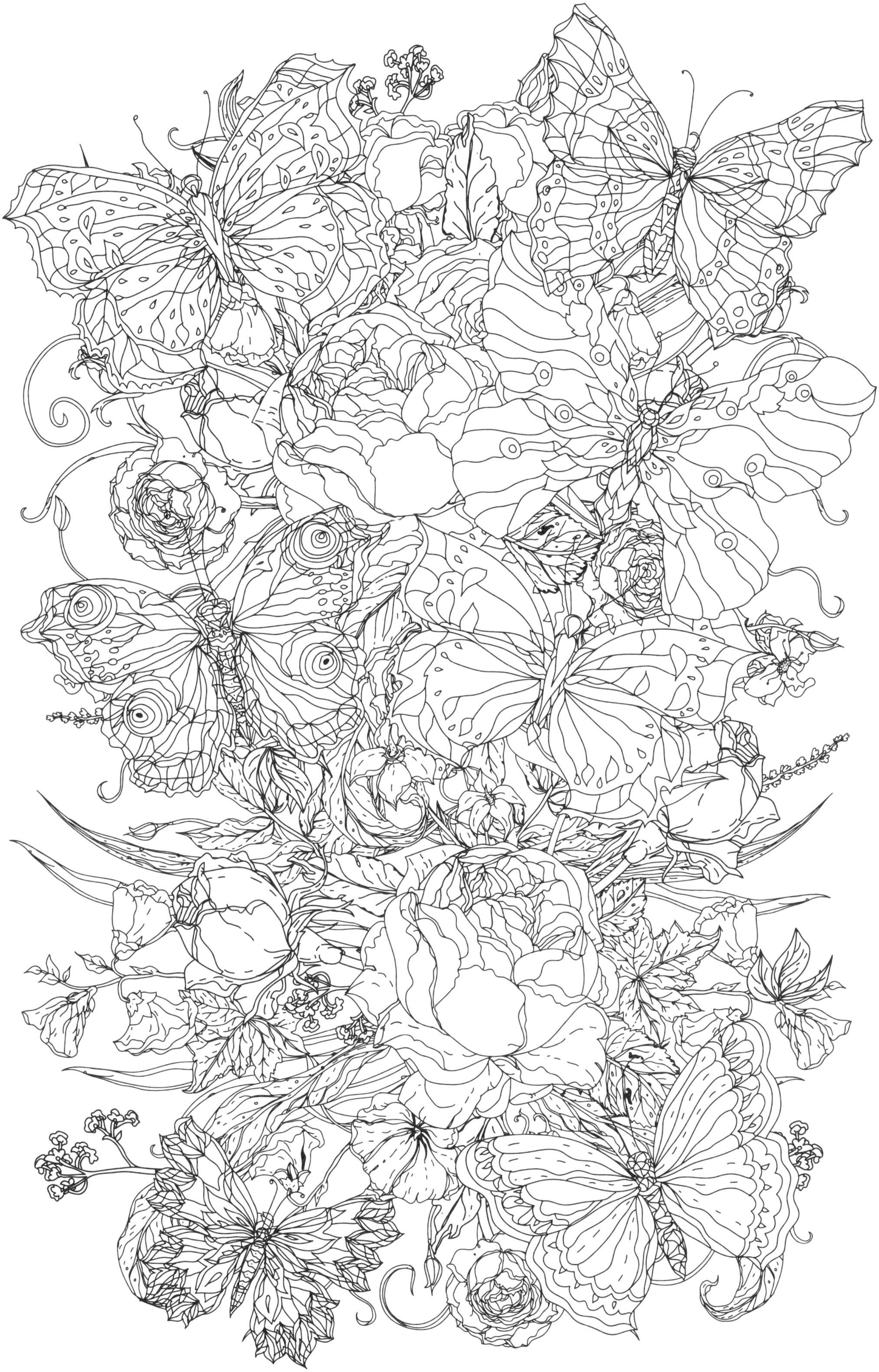

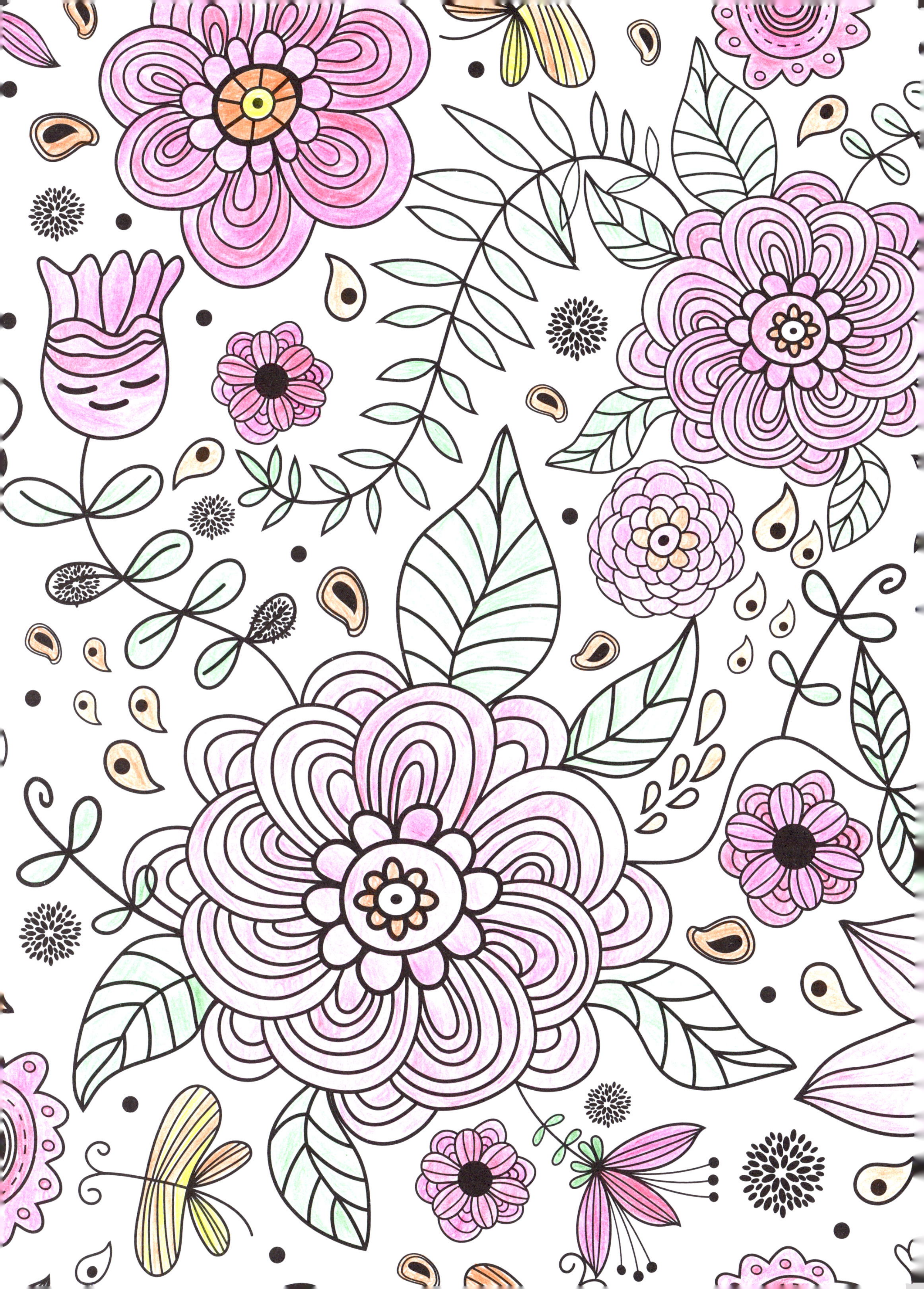

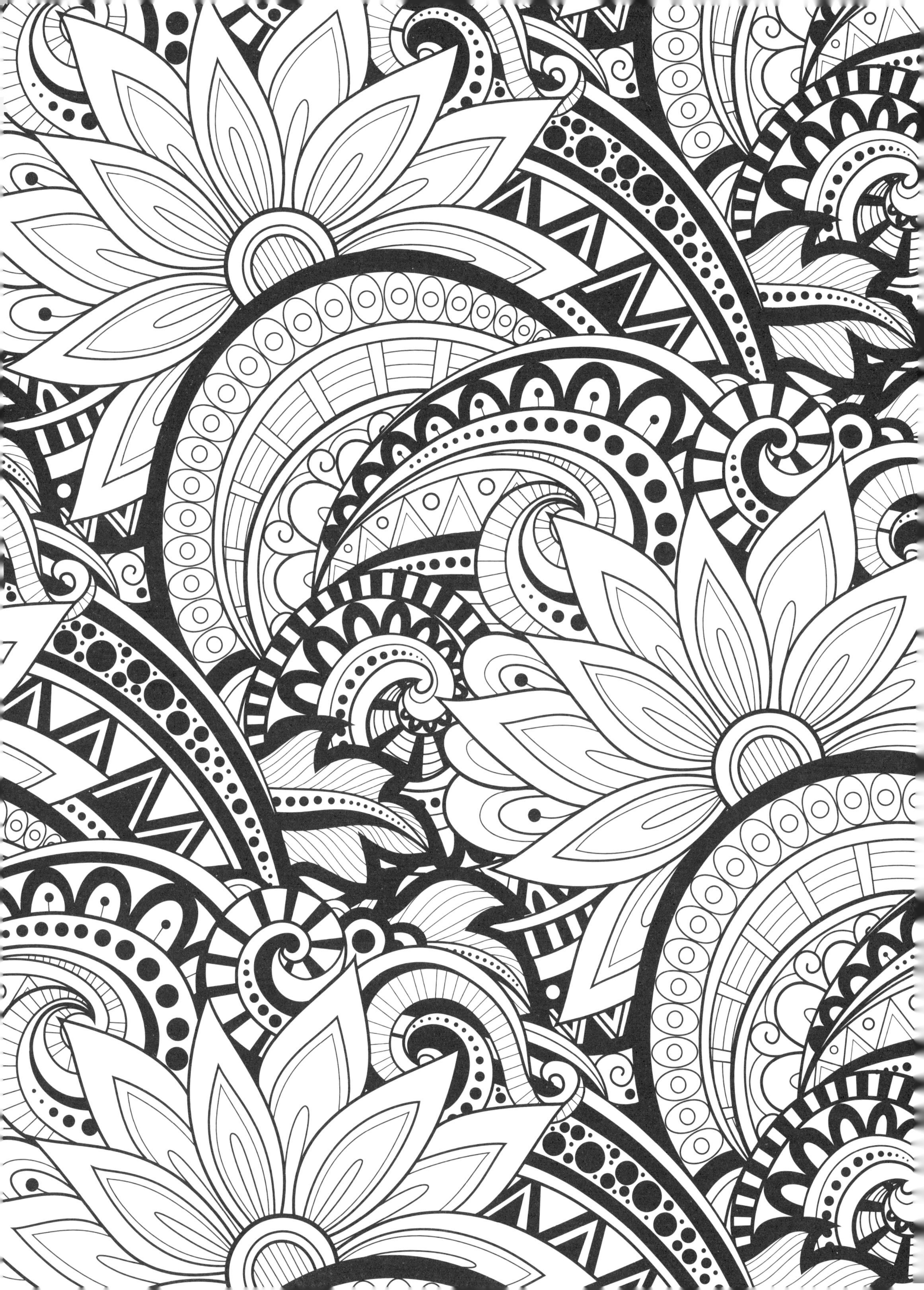

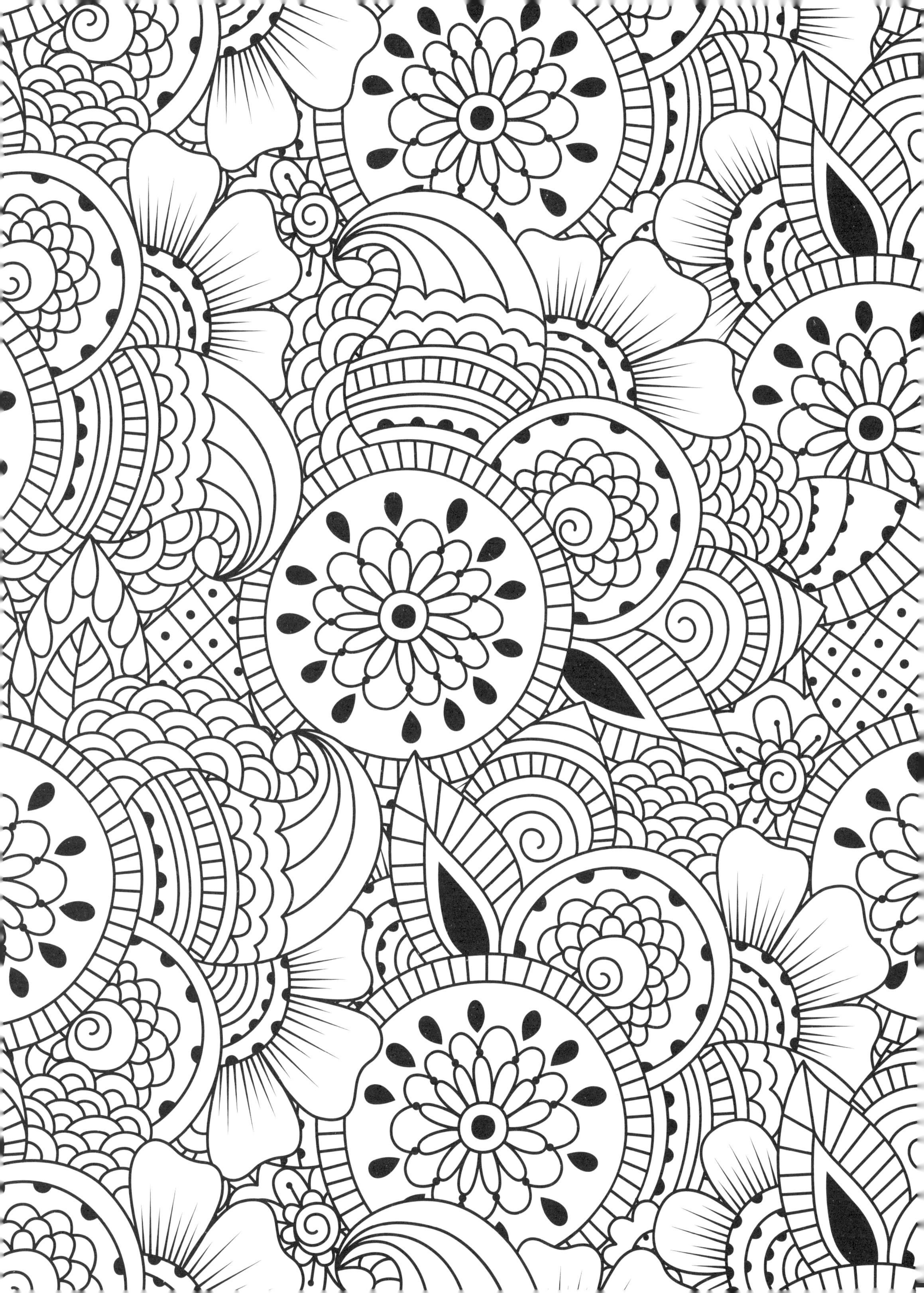

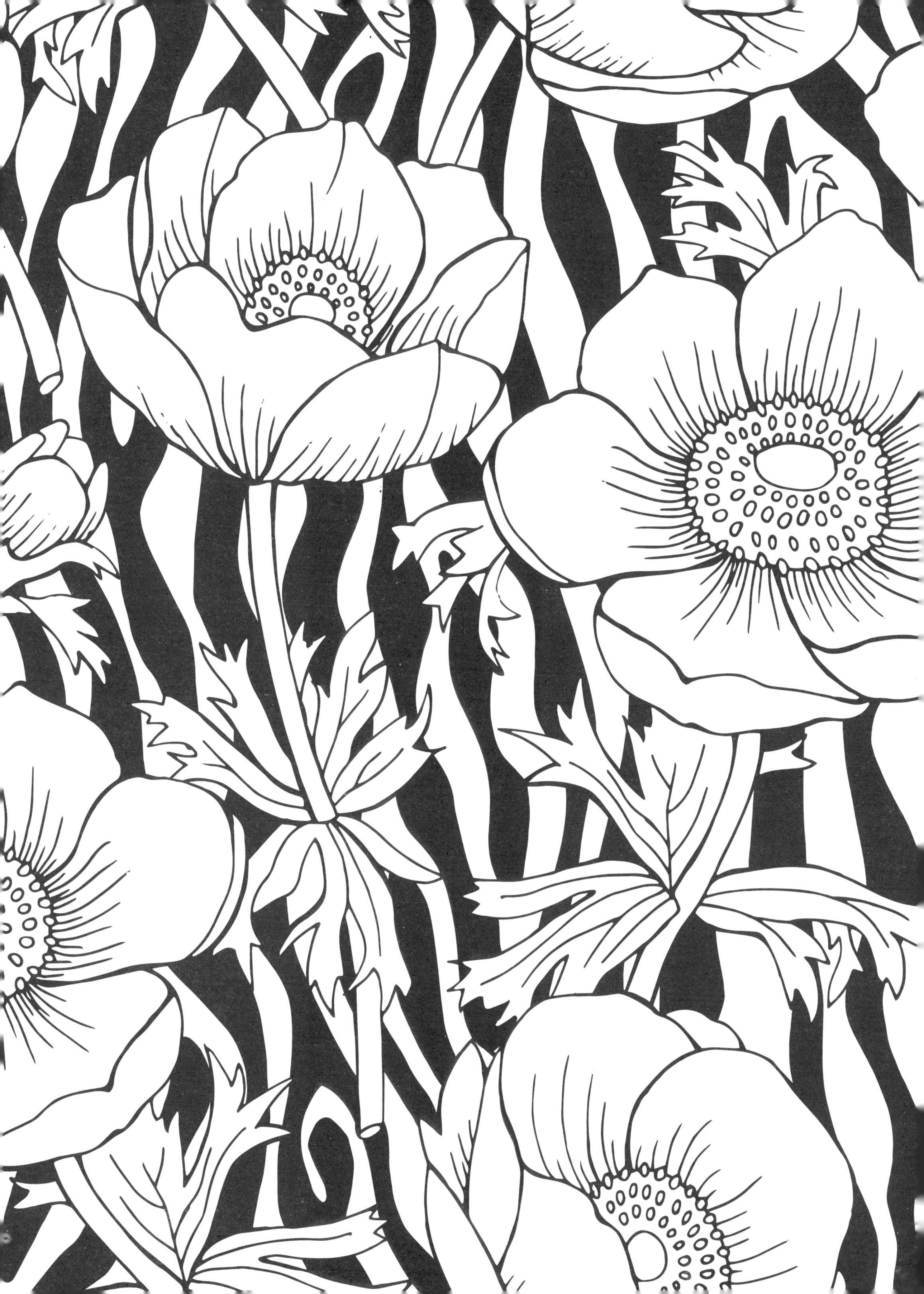

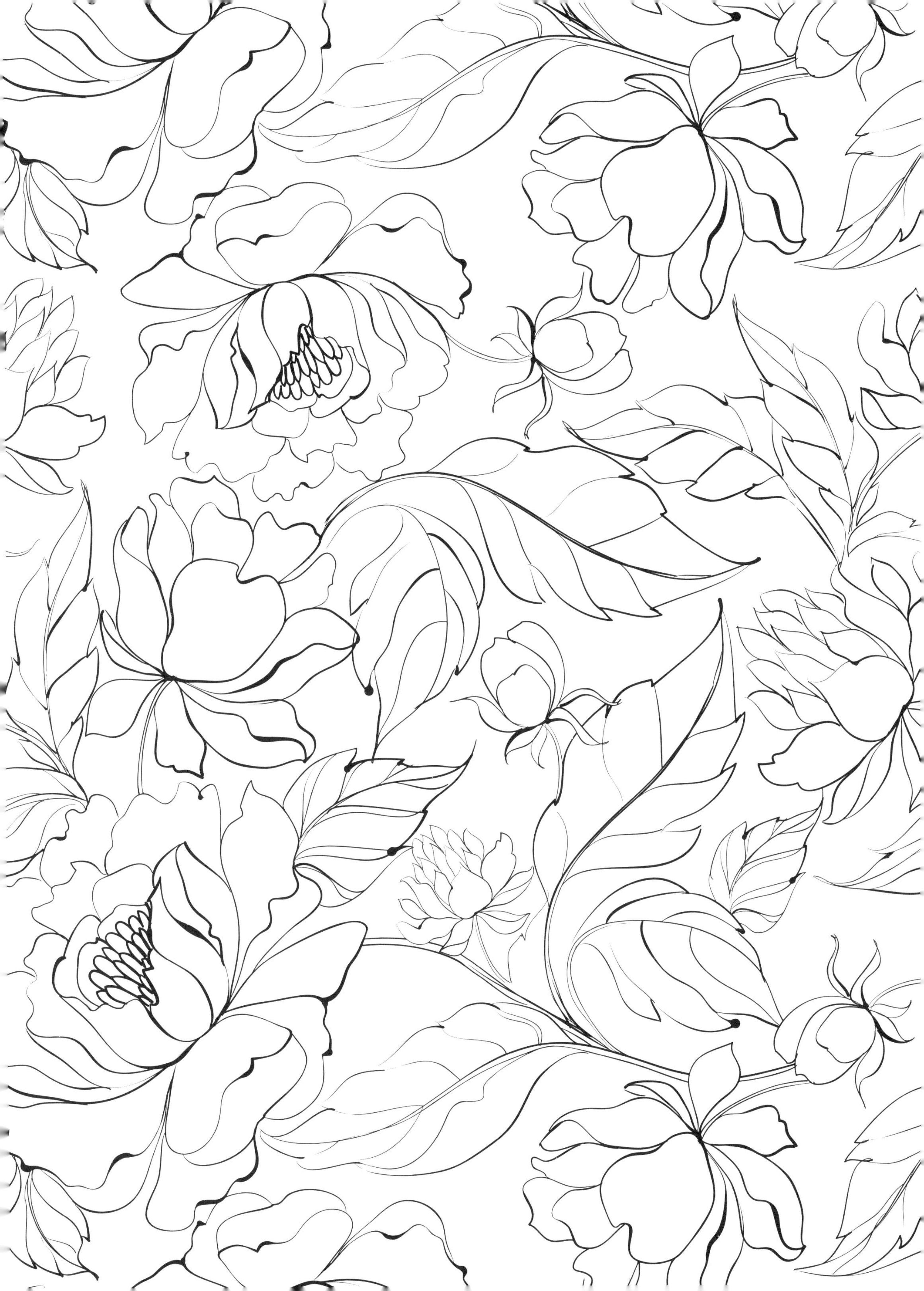

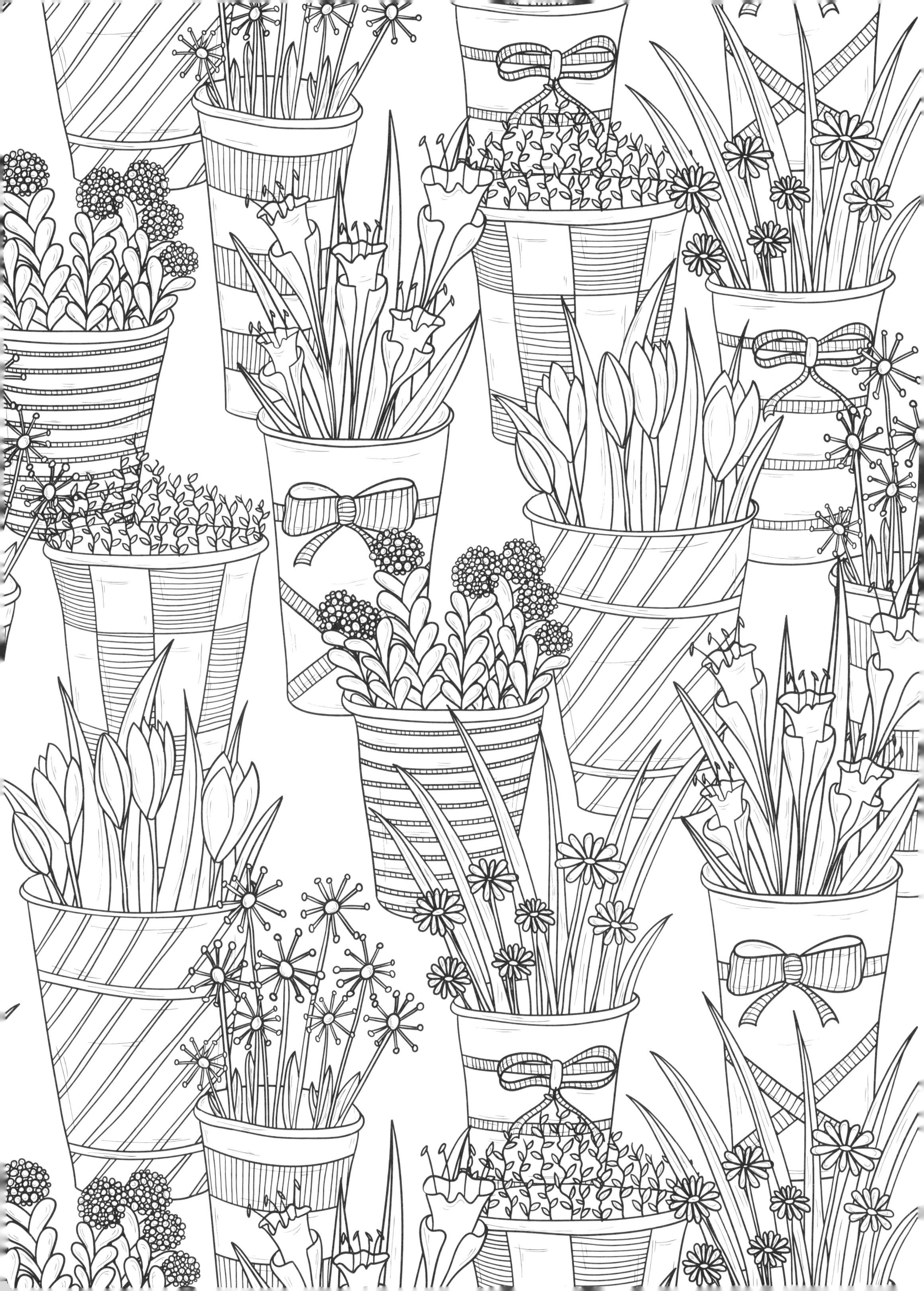

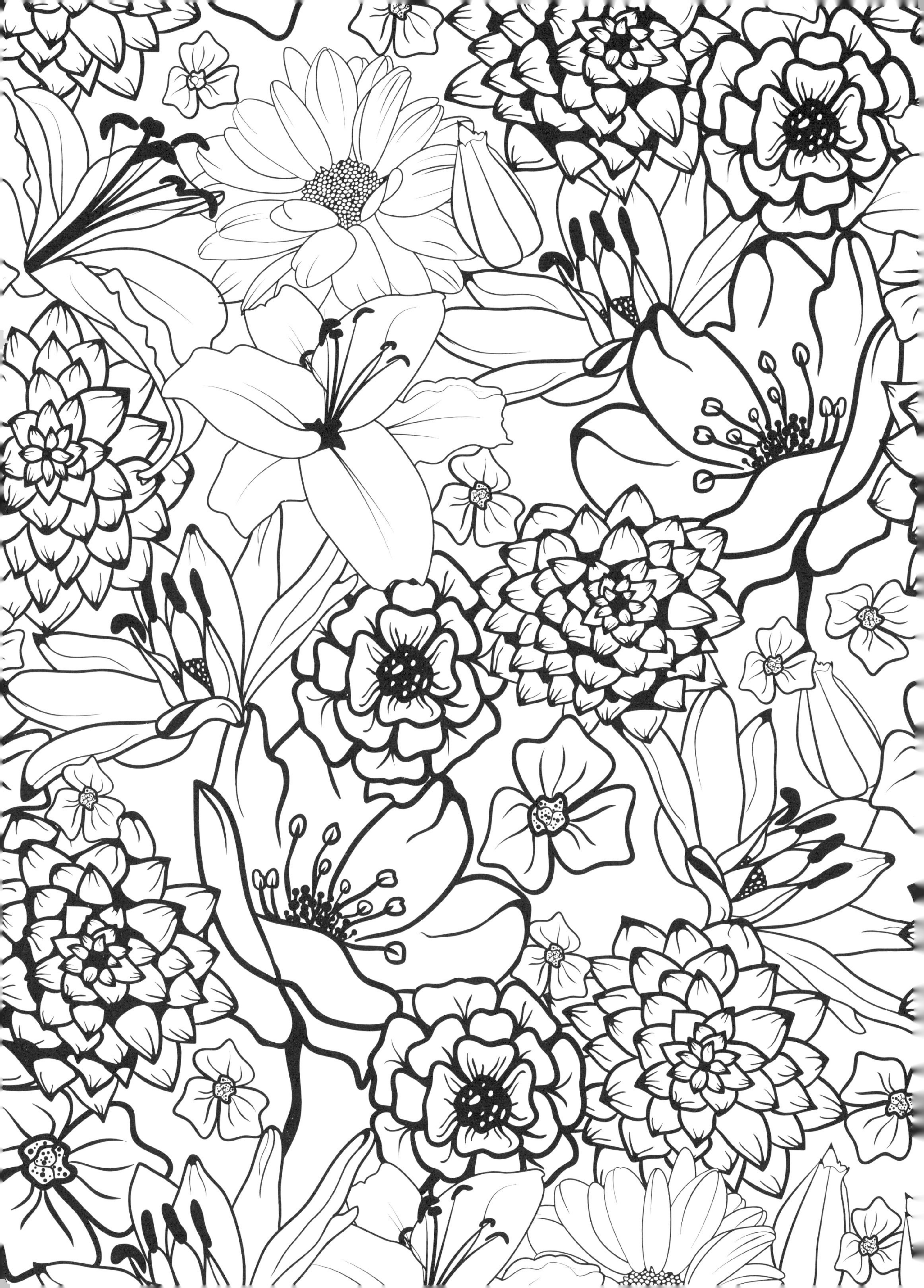

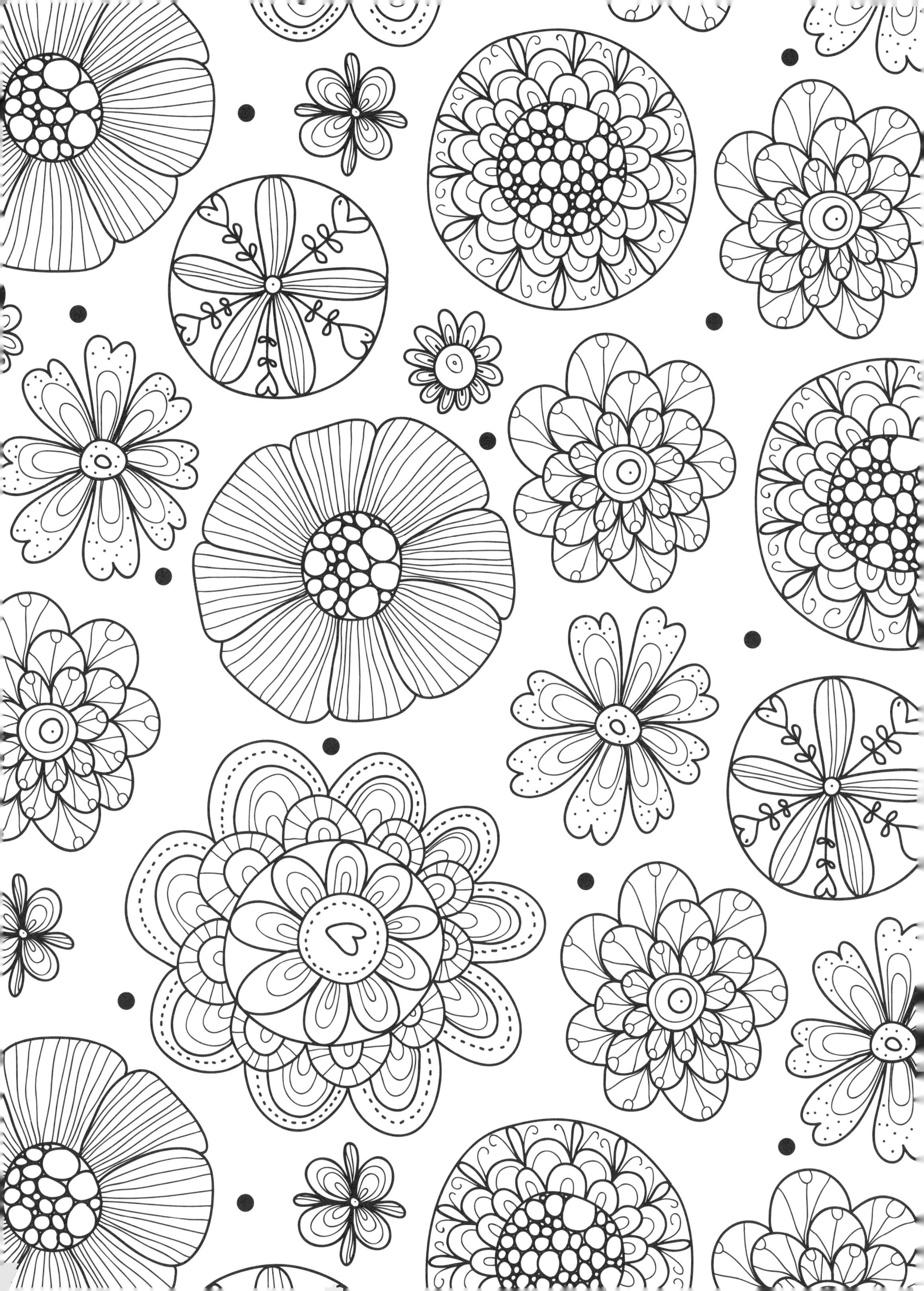

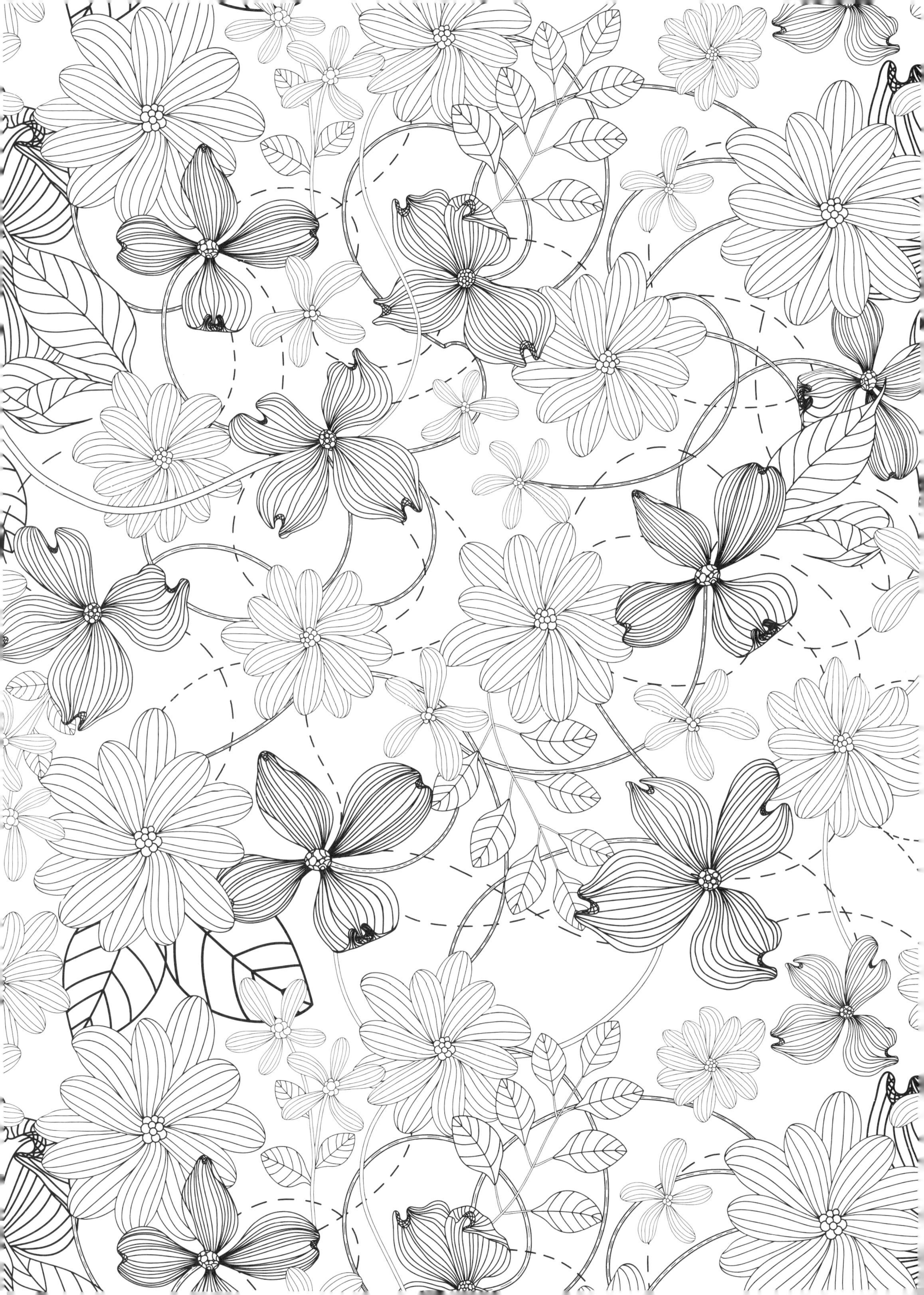

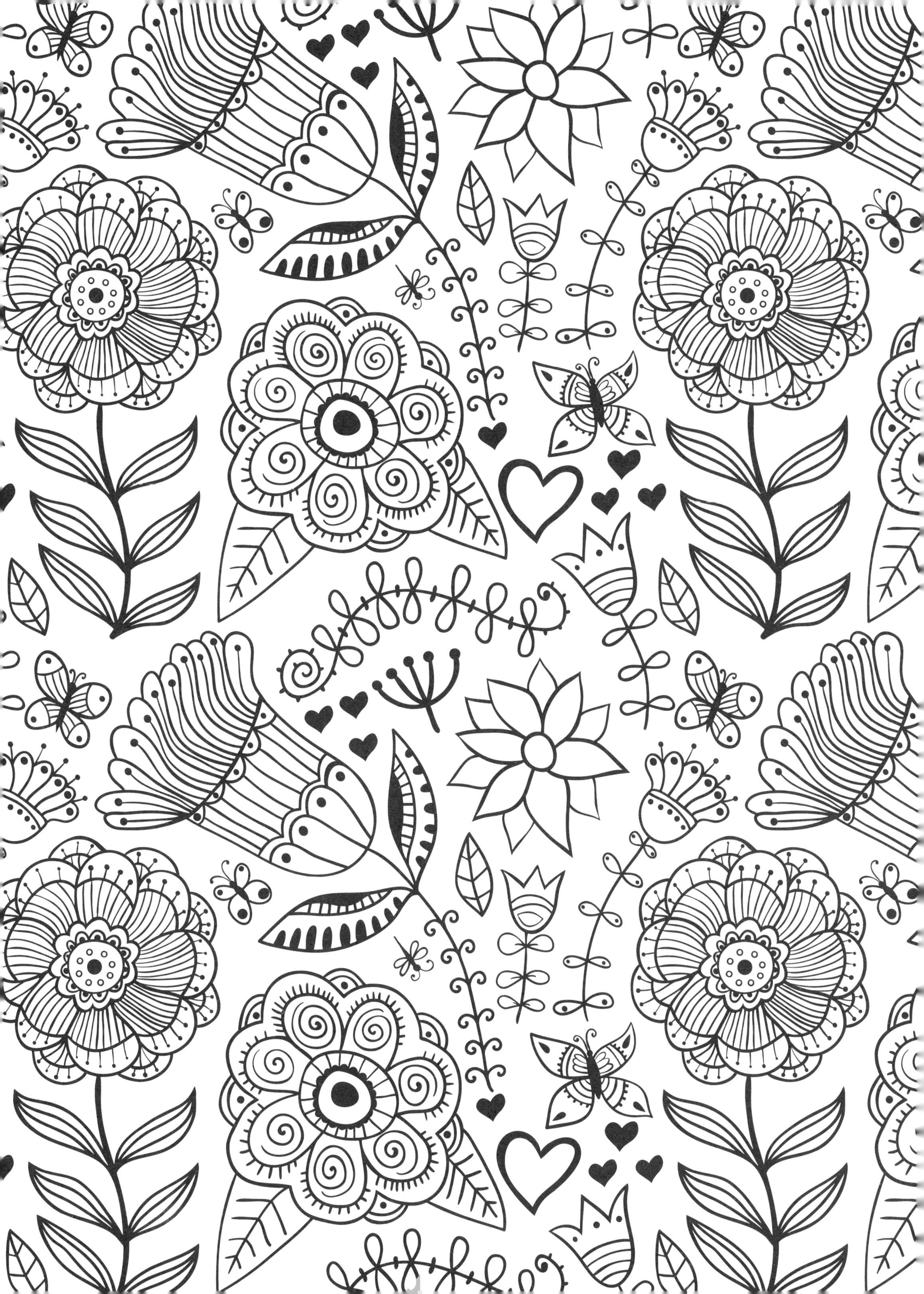

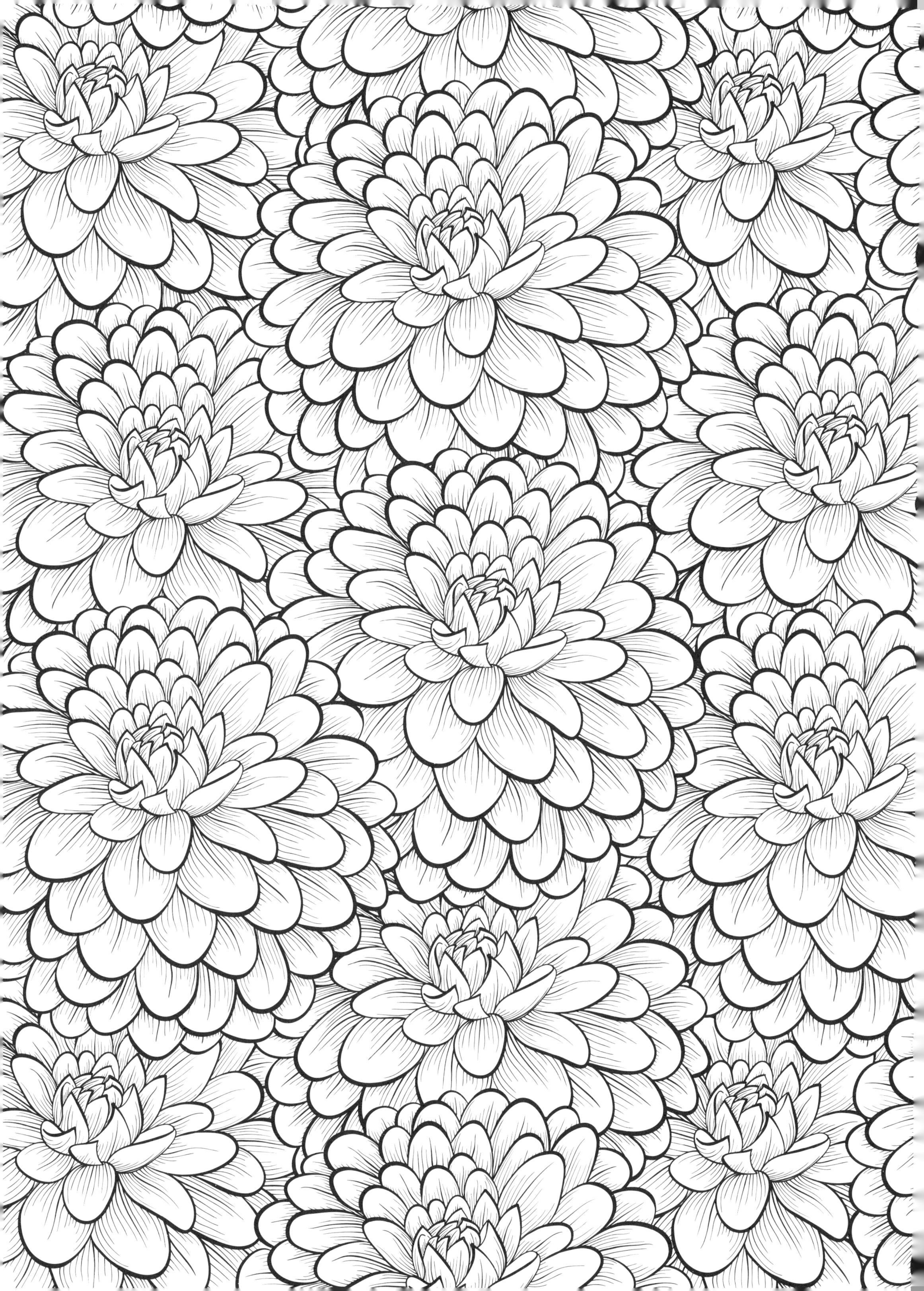

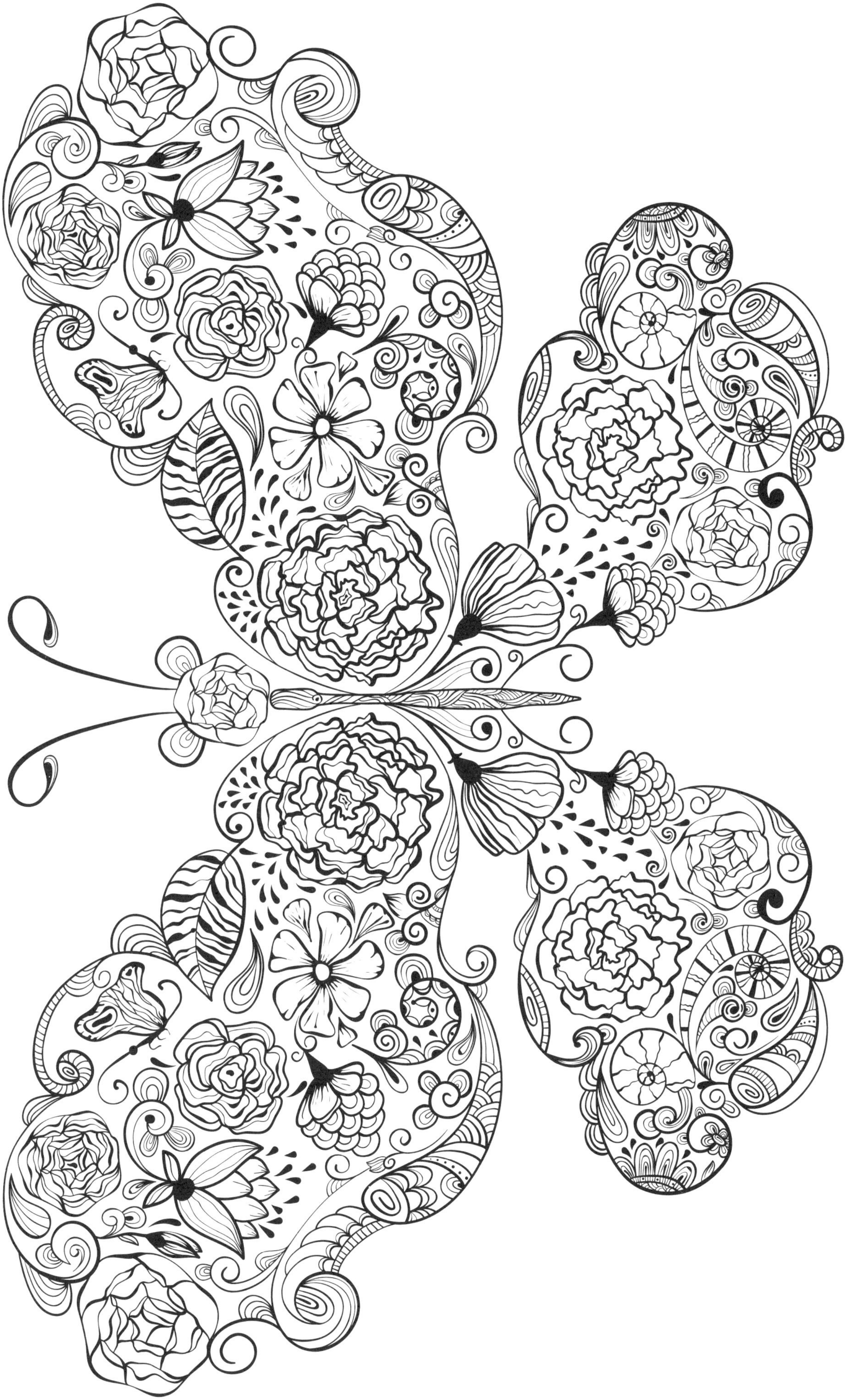

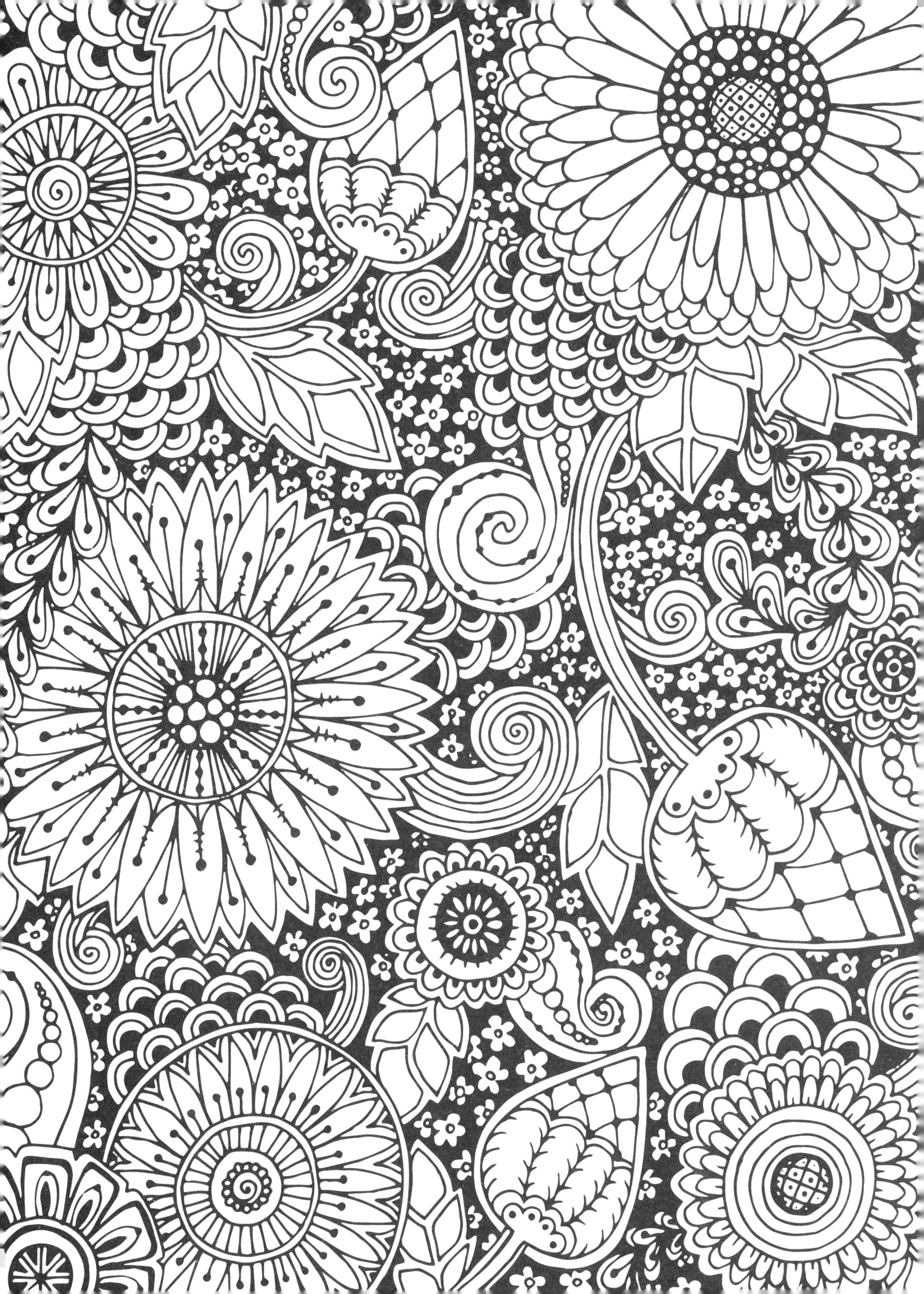

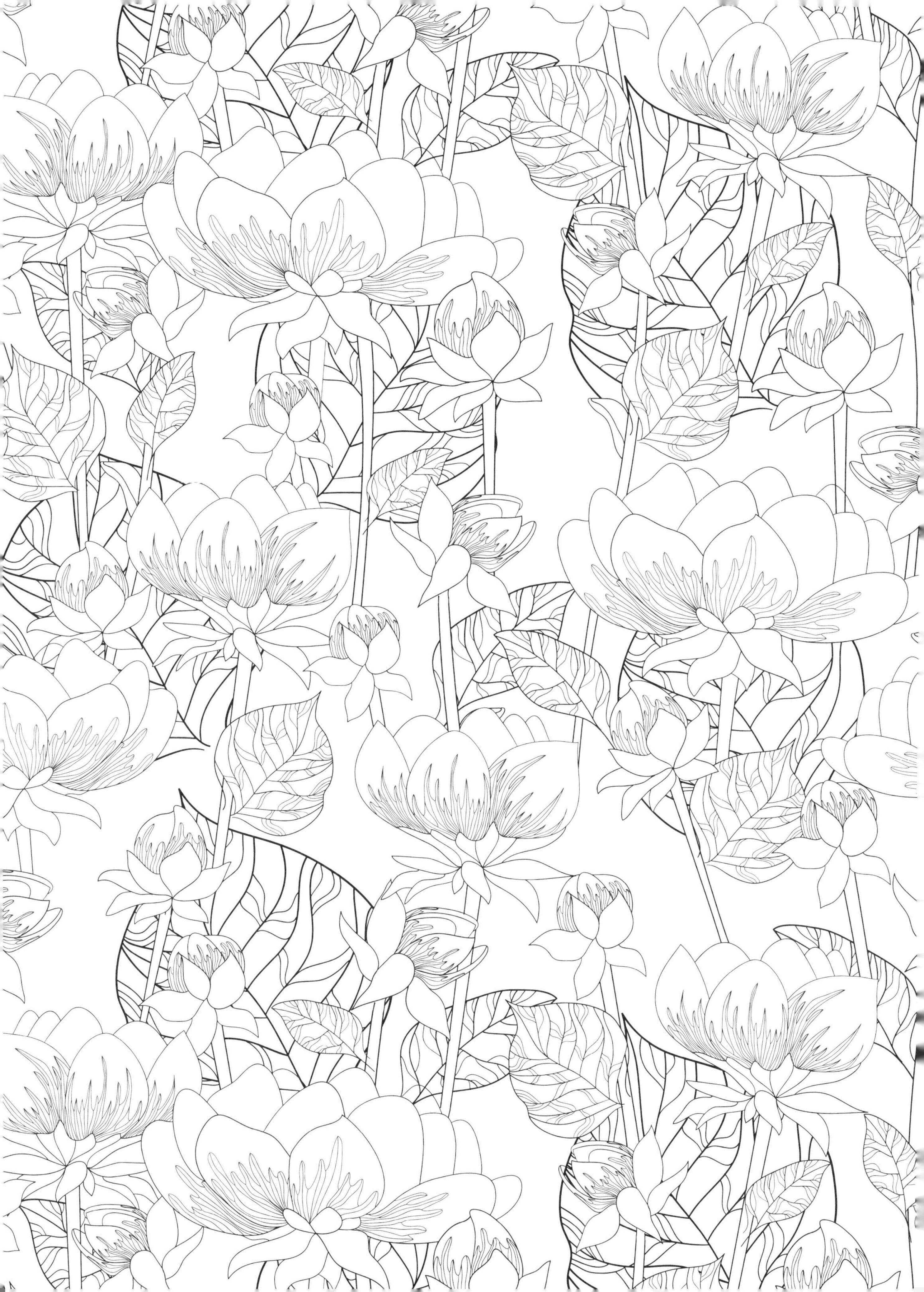

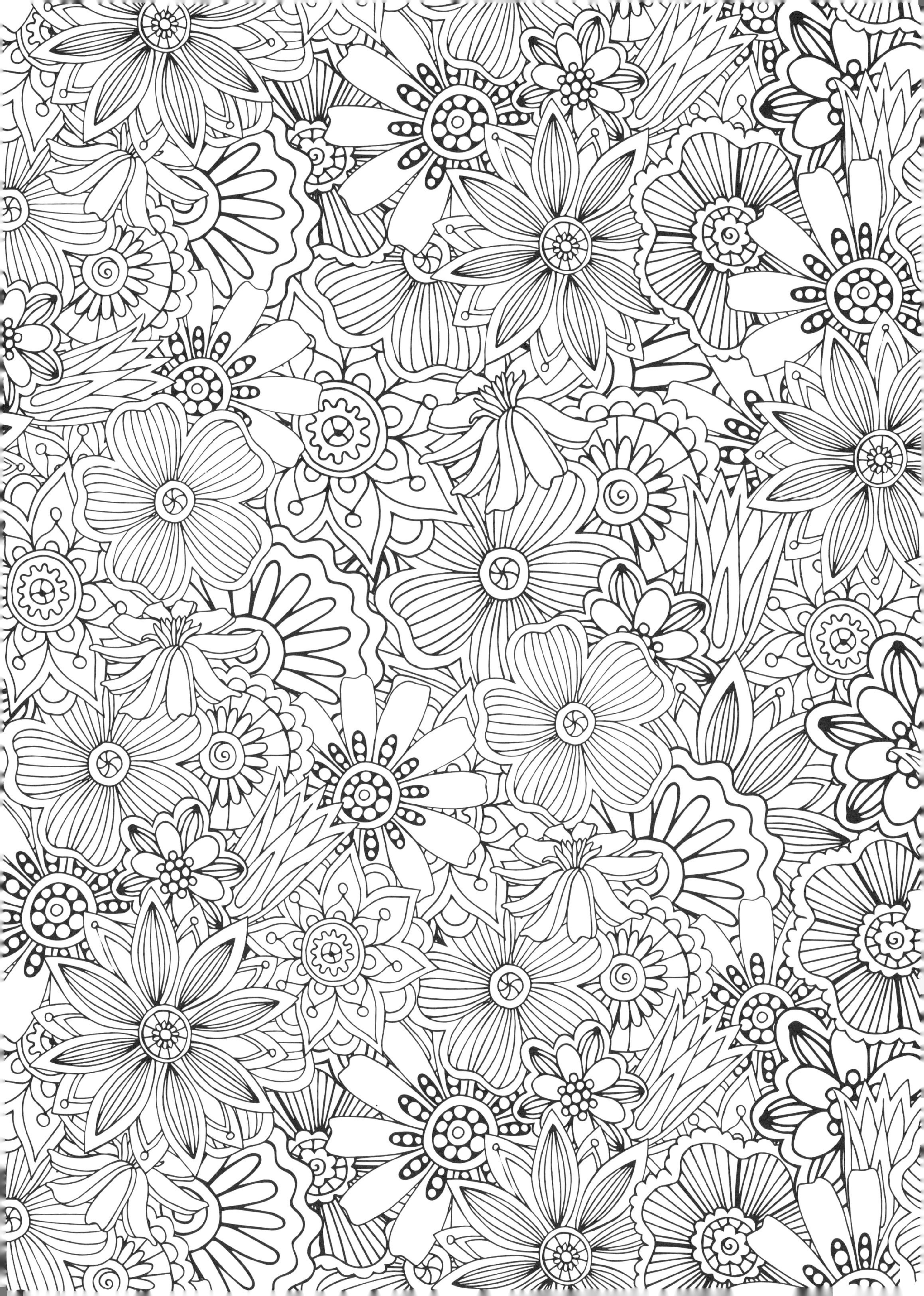

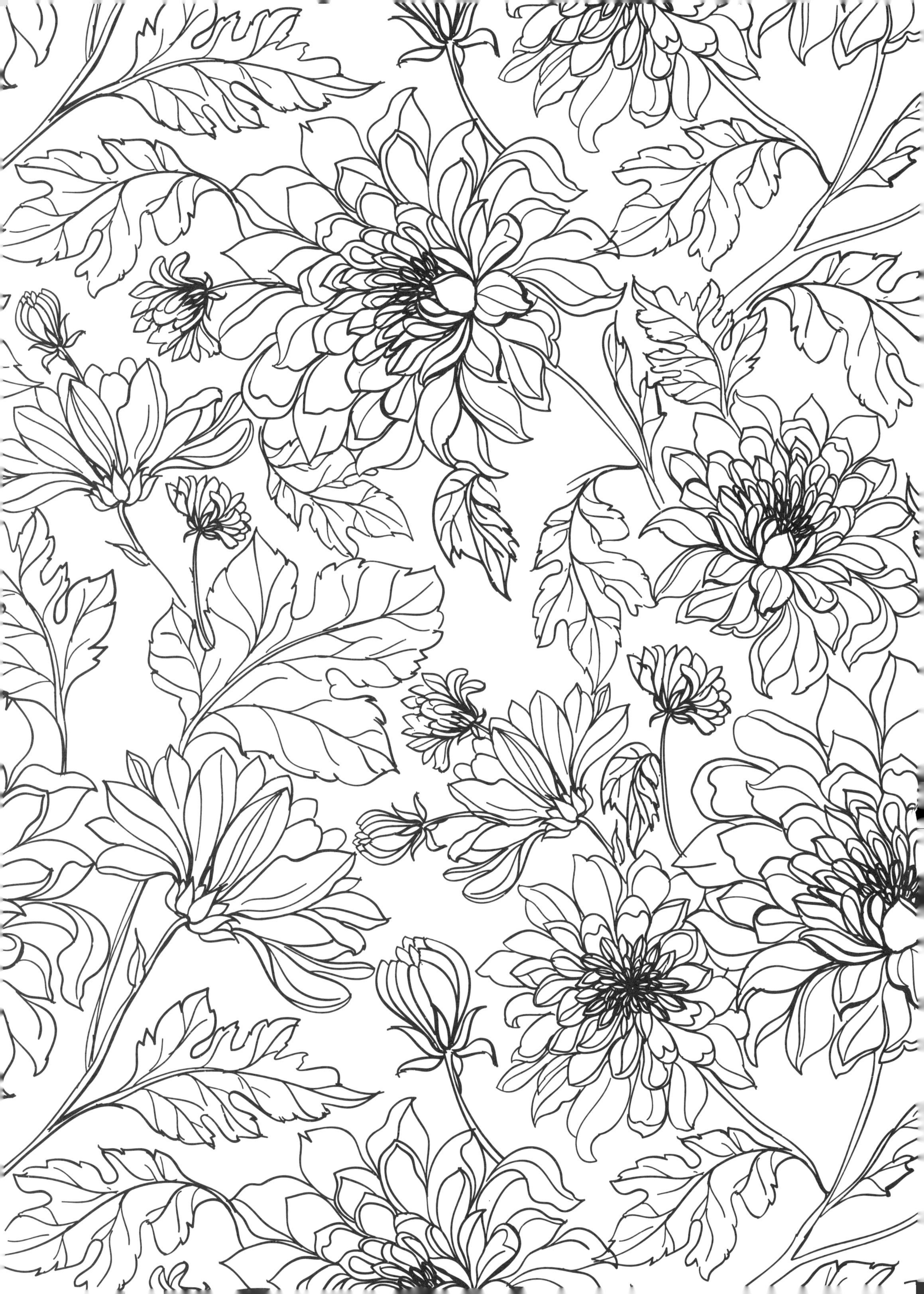